»Kinder sind Kinder« – Band 18

Mauri Fries

Unser Baby
schreit Tag und Nacht

Hilfen für erschöpfte Eltern

Ernst Reinhardt Verlag München Basel

Dr. *Mauri Fries*, Diplom-Psychologin, befasst sich mit Fort- und Weiterbildung für die entwicklungspsychologische Beratung und ist deutsche Vorsitzende der „Gesellschaft für seelische Gesundheit in der frühen Kindheit e. V." (GAIMH).

Titelphoto: © Getty Images

Die Deutsche Bibliothek – CIP-Einheitsaufnahme

Fries, Mauri Milena
Unser Baby schreit Tag und Nacht : Hilfen für erschöpfte Eltern /
Mauri Fries. – München ; Basel : E. Reinhardt, 2002
   (Kinder sind Kinder ; Bd. 18)
   ISBN 3-497-01599-7
   ISSN 0720-8707

Printed in Germany

Ernst Reinhardt Verlag, Postfach 38 02 80, D-80615 München
Net: www.reinhardt-verlag.de Mail: info@reinhardt-verlag.de

Inhalt

Einleitung

Hallo, ich bin Tim!

... und hier geht's um mich. Ich bin jetzt zehn Wochen alt. Über Babys, so wie ich eins bin, ist in den letzten Jahren viel geforscht worden. Viele Wissenschaftler beobachteten uns sehr genau und entdeckten, dass wir schon sehr viel können, wenn wir geboren werden. Endlich wurde den klugen Leuten klar, dass wir nicht nur eine gute Ernährung und Schlaf brauchen. Sie haben bemerkt, dass wir sehr neugierig sind, schnell lernen und viel Spaß daran haben, mit unseren Eltern oder anderen freundlichen Menschen zusammen zu sein. Die Wissenschaftler sprechen jetzt sogar vom kompetenten Säugling.

Wenn ich ausgeschlafen und zufrieden bin, betrachte ich am liebsten das Gesicht von Mama oder Papa. Ihre Augen gefallen mir besonders gut. Erstaunlich finde ich, dass sie auch Geräusche machen können, wahrscheinlich mit ihrem Mund. Wie das genau funktioniert, muss ich in den nächsten Wochen noch herausfinden.

Natürlich bin ich nicht immer neugierig und freundlich, sondern müde und quengelig, so wie andere Babys auch. Dann schreie ich, weil ich keine bessere Möglichkeit kenne, meine Mama oder meinen Papa herbeizurufen. Manchmal kann ich einfach nicht wieder aufhören und meine Mama oder mein Papa hat immerzu neue Ideen, um mich zu beruhigen. Aber mir ist dann alles zu viel. Ich kriege mit, wie meine Eltern immer unsicherer und hilfloser werden.

Wenn ich an bestimmten Tagen und Nächten besonders viel schreie, oder überhaupt viel mehr als andere Babys, dann werden meine Eltern traurig und fühlen sich erschöpft. Manchmal sind sie sogar wütend. Ab und zu streiten sie sich auch. Dann muss ich noch viel mehr schreien und kann mich kaum beruhigen.

Was ist los mit den Babys und den Eltern?

In den letzten Jahren konnte man immer häufiger in Elternzeitschriften und anderen Ratgebern etwas über „Schreibabys" lesen. Warum gibt es diese Bezeichnung, wo doch jeder weiß, dass alle Babys schreien? Natürlich schreit jedes Baby, aber einige schreien eben doch erheblich mehr und länger und sind scheinbar durch nichts zu beruhigen. Für manche Eltern ist es eine Erleichterung, zu erfahren, dass es solche Kinder wirklich gibt, die mehr schreien als andere. Für andere Eltern klingt dieses Wort „Schreibaby" eher negativ und abwertend.

Babys, die länger und intensiver als andere schreien, verunsichern ihre Eltern, die sich eigentlich alles ganz anders vorgestellt hatten. Die Eltern fühlen sich alsbald erschöpft und enttäuscht, da sie die Vergeblichkeit ihrer Beruhigungsversuche erleben müssen. Das Baby beginnt sein Leben mit der Erfahrung, dass ihm keiner in seiner großen Verwirrung helfen kann und sein Schreien nicht verstanden wird. Die Eltern werden selbst immer unruhiger und versuchen verzweifelt irgendetwas zu finden, was ihr Baby endlich beruhigt. Vielleicht werden sie auch ärgerlich und so wütend, dass sie befürchten müssen, die Kontrolle über sich zu verlieren. Nie hätten sie gedacht, dass ein so kleines Kind sie so wütend machen könnte.

Was ist los mit diesen so genannten „Schreibabys" und ihren Eltern? Kurz gesagt, diese Kinder machen uns lautstark darauf aufmerksam, dass sie mehr und zum Teil andere Hilfen brauchen, sich zurechtzufinden, als die Kinder, die wenig schreien. Aber sie haben einen sehr anstrengenden Weg „gewählt". Ihre Eltern fühlen sich ohnmächtig und hilflos und ihr Selbstvertrauen leidet darunter. Auch sie haben dann besondere Bedürfnisse nach Unterstützung, um mit dieser Herausforderung fertig zu werden.

Erschwerend kommt hinzu, dass in den letzten Jahren in unserer Gesellschaft eine zunehmende Unsicherheit bei der Erziehung von Kindern zu beobachten ist. Die Zeit der strengen Regeln ist vorbei. Da, wo Erziehungsregeln den Bedürfnissen der Kinder und auch der Eltern nicht entsprachen, ist es gut, dass es die starren Prinzipien nicht mehr gibt. So manche Mutter war unglücklich darüber, dass sie ihr brüllendes Kind liegen lassen sollte, obwohl ihre innere Stimme ihr doch was ganz anderes sagte. Für manches Kind verhinderte ein fester Vier-Stunden-Rhythmus beim Stillen oder Füttern, zumindest in den ersten Wochen, eine den Bedürfnissen des Kindes angepasste Ernährung. Regeln helfen jedoch auch, sich in unsicheren Situationen zu orientieren. Wenn Regeln aber fehlen, muss man selbst den richtigen Weg für sich und sein Kind finden. Dabei sorgt der Wunsch, alles perfekt zu machen, für eine weitere Verunsicherung und großen Druck beim täglichen Umgang mit Kindern. Hauptsächlich die Mütter verspüren einen enormen Leistungsdruck. Er drückt sich in der Befürchtung aus, etwas falsch zu machen. Er drückt sich in der ständigen Frage aus, ob sie ihr Kind vielleicht nicht genügend lieben oder in dem Gefühl, für alles verantwortlich zu sein. Spätestens dann, wenn ihr Kind anhaltend laut und viel schreit, spitzt sich die Situation zu. Eltern, insbesondere die Mütter, befürchten Vorverurteilungen aus der Umgebung. So manche Mutter hatte geglaubt, Eltern mit einem viel schreienden Baby würden alles falsch machen, bevor sie selbst in diese Situation gekommen war.

Die Verantwortung rund um die Uhr und für alle Eventualitäten des Lebens zu tragen, ist eigentlich kaum zu schaffen. Leben ist nicht planbar, zum Teil chaotisch und nicht immer gleich verständlich. Man kann nicht planen, wann das Kind durchschläft, oder wann es seinen ersten Zahn bekommt. Man versteht nicht immer, warum ein neunmonatiges Kind wütend sein Spielzeug durch die Gegend wirft, oder warum es mit Freude den schönen Turm im gemeinsamen Spiel zum Einstürzen bringt.

Sich auf die natürlichen Vorgänge des Wachsens und Werdens einzulassen, Geduld zu haben und Abweichungen von den eigenen Vorstellungen auszuhalten, ist schwer. Jedes Kind ist immer ein bisschen anders, als es sich Vater oder Mutter vorgestellt hatten. Kinder haben ihr eigenes Entwicklungstempo und sind sehr unterschiedlich, auch innerhalb der gleichen Familie. Sie halten sich nicht an Zahlen, die in den Tabellen über die tägliche Schlafdauer, über die Nahrungsmenge oder die Wachstumskurven stehen. Warten können und Geduld zu haben sind Eigenschaften, die im Umgang mit Kindern gebraucht werden und die scheinbar so gar nicht zu unseren Erfahrungen im beruflichen Alltag passen. Stattdessen sind im Beruf effektives Planen und Handeln gefragte Fähigkeiten.

Wenn nun das Kind in seinem Verhalten sehr deutlich von den Vorstellungen und Wünschen der Eltern abweicht, wie es eben bei scheinbar nicht zu beruhigenden Kindern der Fall ist, dann ist die Belastung groß. Der Verlust an Vertrauen und Gelassenheit und die große Unsicherheit machen sich besonders bemerkbar. Schlimmer noch, der Verlust an Vertrauen und Gelassenheit entzieht den Eltern und dem Kind die Basis, mit dieser besonderen Herausforderung gut fertig zu werden.

Ziel dieses Buches

In diesem Buch möchte ich Wege zeigen, wie Eltern sich und ihrem Baby helfen können, wenn es schwer zur Ruhe kommt und nur mühsam in den Schlaf findet. Ich möchte sie ermutigen, in dieser Zeit Hilfe bei anderen zu suchen und sich nicht aus Scham oder Schuldgefühlen zurückzuziehen.

Ein Baby zu haben, das sehr viel schreit, ist nicht Schuld der Eltern!!

Aber es ist wichtig, die Belastungen mit solch einem Baby ernst zu nehmen. Diese Belastungen ernst zu nehmen, ist Aufgabe der Eltern. Dafür benötigen sie auch eine für die Bedürfnisse von Familien und Babys aufmerksame Umgebung. Noch werden die Bedürfnisse von Familien mit Babys und Kleinkindern in der Gesellschaft weder sensibel wahrgenommen noch ausreichend befriedigt. Gerade Eltern mit einem viel schreienden Baby fühlen sich oft missverstanden und allein gelassen. Sie versuchen, die Zeit selbst zu überstehen oder haben lange Irrwege auf der Suche nach Hilfe hinter sich. Das sollte nicht sein! Eine gute Beratung und die gemeinsame Suche nach der für die Familie passenden Unterstützung kann sehr schnell zur Verbesserung der Situation mit einem scheinbar nicht zu beruhigenden Baby beitragen. Diese Erfahrung können die meisten Familien machen, die den Mut hatten, eine der bereits existierenden Spezialberatungsstellen aufzusuchen.

Diese spezialisierten Beratungsstellen gibt es seit einigen Jahren in wachsender Zahl in Deutschland, wenn auch noch nicht überall in gut erreichbarer Nähe. Auch wenn das Kind schlecht ein- und durchschlafen kann oder schlecht isst, dann helfen die Mitarbeiter solcher

Beratungsstellen, ebenso wenn es als Kleinkind besonders ängstlich oder wütend ist, oder andere Probleme auftreten. Wenn es sie gibt, dann sind die Beratungsstellen in Kinderkliniken, in Erziehungsberatungsstellen, in Kliniken für Kinder- und Jugendpsychiatrie oder auch bei niedergelassenen Ärzten, Psychologen und anderen Berufsgruppen zu finden.

In diesem Buch stehen das Baby in den ersten sechs Lebensmonaten und seine Eltern im Mittelpunkt. In dieser Zeit lernen Eltern und Kind sich kennen. Sie werden sich zu einer Familie entwickeln, wenn es sich um ein erstgeborenes Kind handelt, oder das Kind wird in eine bestehende Familie hineingeboren, die schon Erfahrungen mit einem Baby hat. Babys, die mehr als andere schreien, gibt es in Familien mit einem oder mit mehreren Kindern. In den ersten Monaten schreien manche Babys so viel, weil ihnen das Zurechtfinden nach der Geburt schwer fällt. Dies teilen sie laut mit.

Am Ende werde ich wichtige Entwicklungsschritte des Kindes im zweiten Lebenshalbjahr beschreiben, die ebenfalls zu Missverständnissen zwischen den Eltern und dem Kind führen, sowie Mutter und Vater belasten und verunsichern können. Bei einigen dieser Kinder können zusätzlich im zweiten Lebenshalbjahr Schlafprobleme oder andere Sorgen auftreten, die mit dem anfänglichen Schreien und den nächsten Entwicklungsschritten zusammenhängen.

Im ersten Teil des Buches soll zunächst von den Eigenschaften der Eltern und Babys berichtet werden, die ihnen ein harmonisches Miteinander ermöglichen. Warum habe ich diese Reihenfolge gewählt? Ich bin davon überzeugt, dass es in jeder Familie diese Eigenschaften gibt. Manchmal sind sie durch den Alltagsstress kaum erkennbar, aber sie sind da! Man braucht sozusagen eine Lupe, um sie zu entdecken. Das Wissen über jene Eigenschaften kann wie ein Kompass auf dem Weg zu einem weniger anstrengenden und harmonischeren Zusammenleben mit einem Baby oder Kleinkind sein. Was man besser kennt, darauf kann man mehr achten, weil man dann genauer hinsieht.

Und noch etwas: Probleme werden nicht dadurch kleiner, dass man sich von ihnen hypnotisieren lässt, wie es Eltern häufig mit ihrem schreienden Kind passiert. Eine gute Möglichkeit Probleme zu lösen besteht darin, sich vorzustellen, was man anstelle des Problems machen könnte oder was passieren würde, wenn das Problem nicht mehr vorhanden wäre. Steve de Shazer, ein amerikanischer Psychotherapeut, sagte dazu kurz und knapp: „Über Probleme zu reden, schafft Probleme, über Lösungen zu reden, schafft Lösungen."

Für unser Problem, das „extrem viel schreiende Baby", würde das bedeuten, sich darauf zu besinnen, was es außer dem Schreien noch geben könnte. Kein Baby, auch wenn es noch so viel schreit, schreit 24 Stunden rund um die Uhr. Was passiert in den kostbaren Minuten, in denen es wach und zufrieden ist? Was machen die Eltern, wenn es mal nicht schreit? Antworten auf solche Fragen können weiterhelfen, weil sie den Blickwinkel verändern. Manchmal kommt man dann erst auf Ideen, an die man einfach noch nicht gedacht hat, weil das viele Schreien wirklich sehr anstrengend ist. Aber es gibt noch mehr im Leben eines Babys, auch wenn es eben sehr viel schreit.

Die Kapitel im Überblick

Im ersten Kapitel werde ich also zunächst die Fähigkeiten des Babys beschreiben, die es ihm ermöglichen, sich in seiner Familie gut zu entwickeln. Seine Wahrnehmung, seine Neugier, seine Fähigkeit zu lernen sind wichtige Voraussetzungen für seine Entwicklung. Eltern besitzen Fähigkeiten, mit denen sie ihr Baby begleiten und seine Fähigkeiten anregen und fördern. Im zweiten Kapitel beschreibe ich diese Fähigkeiten. Im dritten Kapitel geht es um das Schreien. Was ist normal und was ist zu viel? Im dritten Kapitel sollen auch die Ursachen und die Folgen für die Familie beschrieben werden.

Im vierten Kapitel geht es um die möglichen Auswege, wenn ein Baby durch sein andauerndes Weinen und Schreien seine Eltern verunsichert und überfordert. Das Wissen um die Fähigkeiten des Babys und seiner Eltern aus dem ersten und zweiten Kapitel wird bei der Suche nach Veränderungen nützlich sein. Hier geht es vor allem um ein Verstehen des Babys, wenn es schreit, aber auch wenn es wach ist. Und es geht um die Frage, was Eltern selber tun können, um in der Situation mit einem besonders anstrengenden Baby zurecht zu kommen.

Manchmal ist es wichtig, sich nach Hilfe außerhalb der Familie umzusehen und nicht zu lange zu warten. Im fünften Kapitel steht, wie diese Hilfe aussieht und was in einer Beratung für Eltern mit Babys und Kleinkindern gemacht wird.

Die Entwicklungsschritte des Kindes im zweiten Lebenshalbjahr, die manchmal von viel Geschrei begleitet sind und zu Missverständnissen im Alltag von Eltern und Kind führen, werden im sechsten Kapitel beschrieben. Am Ende sind Adressen von Beratungsstellen in Deutschland aufgeführt, die sich auf die Unterstützung von Eltern mit Babys und Kleinkindern spezialisiert haben.

1 Was das Baby schon kann – die Fähigkeiten des Babys

Sehen, Hören, Riechen, Schmecken – die Wege zum Anderen

Wenn Babys auf die Welt kommen, ist alles neu für sie und manchmal auch erschreckend. Das wird sich sehr rasch ändern, denn Babys werden mit einer intensiven Neugier und Vorliebe für andere Menschen geboren. Babys bringen erstaunliche Fähigkeiten mit, die sie einsetzen, um ihre Eltern und ihre Umwelt genau kennen zu lernen und mit Allem vertraut zu werden. Sie entdecken sehr schnell vorhersagbare Zusammenhänge zwischen ihrem Verhalten und den Reaktionen ihrer Eltern. Nach wenigen Wochen wissen sie, was die Mama macht, wenn sie sich zum Stillen hinsetzt, oder wie das Gesicht vom Papa aussieht, wenn er mit dem Kind freundlich redet.

◆ *Das Sehen*

Das Baby kann von Geburt an sehen. Noch ist es gleichermaßen kurz- und weitsichtig. Über eine sehr bedeutsame Entfernung hinweg kann es jedoch scharf sehen, und es sucht dementsprechend den Blickkontakt zu seiner Mutter oder zu seinem Vater. Diese Entfernung des schärfsten Sehens beträgt etwa 20–25 cm und entspricht dem Abstand der Augenpaare von Mutter und Kind beim Stillen oder Flasche geben. Seine Fähigkeit zu sehen, ist also begrenzt. Aber sie ist ausreichend, um das am

17

Anfang Wichtigste, nämlich das Gesicht seines Gegenübers, wahrzunehmen. Ohne sich dessen bewusst zu sein, oder anders gesagt intuitiv, halten die Eltern ihr Kind so, dass sich dieser Abstand ergibt. Selbst wenn sie glauben, ihr Kind könne noch gar nicht sehen, zeigen sie ihm das eigene Gesicht in etwa diesem Abstand.

Im Laufe der nächsten Wochen verbessert sich die Sehfähigkeit der Augen rasch, so dass das Kind etwa im Alter von sechs Wochen weiter entfernte Gegenstände genau ansehen kann. Das Gesicht eines anderen bleibt jedoch noch lange das interessanteste Objekt zum Anschauen. So ein Gesicht ist für das Baby deshalb so interessant, weil sich darin immer etwas bewegt. Und genau diese feinen Bewegungen findet es besonders faszinierend. Es entdeckt, dass sich im Gesicht des anderen die Augen bewegen, ebenso die Augenbrauen und der Mund. Es findet sehr schnell heraus, dass es einen Zusammenhang gibt zwischen seinem eigenen Blickverhalten und dem, was im Gesicht von Mutter oder Vater vor sich geht. Und es entdeckt auch, dass sich diese Zusammenhänge in ähnlicher Weise wiederholen. Immer, wenn sich zum Beispiel ihre Blicke begegnen, dann gehen die Mundwinkel von der Mutter nach oben und ihre Augen werden größer. Zu den Bewegungen der Augen und Augenbrauen sowie des Mundes, scheinen irgendwie ganz bestimmte Geräusche zu passen, die auch immer wieder zu hören sind. Sie gefallen dem Baby ebenfalls gut. Zu den zunehmend vertrauter werdenden Bewegungen im Gesicht von Mutter oder Vater gehört ihre Stimme mit einem melodischen Singsang.

Bleiben wir jedoch erst noch beim Sehen. Die Vorliebe für das Gesicht der Eltern entfaltet sich in einer bestimmten Reihenfolge. Zuerst interessiert sich das Baby für die kontrastreichen Übergänge. Es betrachtet das Gesicht vor dem Hintergrund seiner Umgebung und entdeckt den

Übergang von den Haaren zur Stirn. Die Elemente des Gesichtes, die aufgrund ihrer Bewegungen das Kind so sehr interessieren, befinden sich sozusagen in einem Rahmen. Das Kind tastet mit seinen Augen diesen Rahmen ab, bevor es sich dann im Verlaufe der nächsten Wochen stärker dem Inneren des Gesichtes zuwendet.

Warum bevorzugt das Baby zunächst das Gesicht so intensiv gegenüber jedem anderen Gegenstand, den es auch betrachten könnte? Im Laufe der langen Entwicklungsgeschichte haben menschliche Babys bestimmte Vorlieben entwickelt, die ihre Neugier für den anderen unterstützen. Beispielsweise gefallen ihnen Rundungen und Wölbungen, wie bei den Augenbrauen und Wangen, besser als gerade Linien. Sie lieben starke Hell-Dunkel-Kontraste wie beim Haaransatz und der Stirn oder der Pupille im Kontrast zum Augapfel. Ebenso liebt es spitze Winkel, wie bei den Augenwinkeln. Auch senkrechte und symmetrische Flächen, wie die beiden Gesichtshälften, üben eine Anziehungskraft aus.

Zufall oder das Ergebnis eines lang andauernden Entwicklungsprozesses in der Natur? Man kann von letzterem ausgehen, da das Menschenbaby für seine gesunde Entwicklung die intensive Nähe und den Schutz von anderen benötigt. Sein Interesse am Gesicht von Mutter oder Vater steht also am Beginn einer intensiven Bindung, die sich im Laufe der nächsten Monate weiter festigen wird.

Das „Gespräch mit den Augen" ist für ein Baby im Alter von etwa acht Wochen neben dem Schreien eine erste Möglichkeit, seinen Eltern etwas mitzuteilen. Ein intensiver wacher Blick sagt den Eltern: *„Rede mit mir!"* oder: *„Schau mich an und spiele mit mir!"* Unterbricht das Baby den Blickkontakt und guckt zur Seite, dann signalisiert es eine wichtige Botschaft. Eine Unterbrechung des

Blickkontaktes bedeutet: „*Mama, mach bitte eine Pause!
Ich kann noch nicht so schnell alles aufnehmen von dem,
was du mir zeigst.*" Oder: „*Papa, rede langsamer mit mir.
Warte einen Moment, ich muss mich erst mal kurz erholen, dann können wir vielleicht weitermachen.*" Durch
dieses kurze Weggucken kann es schon selbst für Erholung sorgen, wenn diese ihm dann auch gewährt wird.

◆ *Das Hören*

Für das Hören können wir ebenso Vorlieben des Babys
für sein menschliches Gegenüber und eine erstaunlich
frühe Ausbildung von Vorerwartungen feststellen. Bereits
ein Neugeborenes kann hören. Als Ungeborenes hat es
das Hören schon einige Wochen vor der Geburt geübt
und es ist vertraut mit der Stimme seiner Mutter. Vielleicht kennt es ebenso die Stimme seines Vaters, wenn
dieser sich oft mit der Mutter während der Schwangerschaft unterhalten hat. Auch wenn es die Stimmen in seiner Umgebung aufgrund des Fruchtwassers und der müt-
terlichen Geräusche aus ihrem Körper nur verzerrt
wahrnehmen konnte, so hat es doch den typischen Rhythmus seiner Muttersprache verinnerlicht. Es bevorzugt
nach der Geburt eindeutig die menschliche Stimme
gegenüber künstlichen Geräuschen und die höheren
Stimmlagen sind ihm lieber als die tieferen. Wenn das
Baby wählen könnte, würde es ein Lied, gesungen von
Mama oder Papa, gegenüber einer Spieluhr eindeutig
vorziehen. Menschliche Geräusche finden schon Neugeborene so interessant, dass sie sogar ihr Trinken unterbrechen, um zu lauschen und dann abwechselnd weiter
zu trinken und zu lauschen. So kann man beim Trinken
des Babys beobachten, dass sich häufig ein Rhythmus
zwischen Trinken und Pausieren einstellt, so als ob das

Baby auf eine stimmliche Anregung von der Mutter wartet. Und häufig reagieren die Mütter mit einem aufmunternden Wort oder einer Berührung.

Um die Stimme eines anderen interessant zu finden, darf sie für das Baby nicht zu laut sein. Eine zu laute Stimme oder auch ein zu lautes Geräusch erschrecken das Baby und es wird den Kopf abwenden. Bleibt das laute Geräusch bestehen, wird es versuchen abzuschalten. Seine Bewegungen werden unruhiger, so als wolle es dem Geräusch entkommen. Seine Augen verändern sich. Der Blick wird glasig oder starr. Gelingt das Abschalten nicht, so beginnt es zu weinen, um auf diese Art und Weise seine Überforderung zu zeigen und seine Irritation unter Kontrolle zu bringen. Ein leises und sanftes Ansprechen dagegen beruhigt das Kind und weckt seine Aufmerksamkeit. Seine Bewegungen werden ruhiger, seine Herzfrequenz sinkt und es sucht mit den Augen die Geräuschquelle, um diese dann ganz konzentriert betrachten zu können.

Neugeborene hören nicht nur auf die Stimme, sondern sie passen den Rhythmus ihrer Bewegungen dem Rhythmus der Stimme an. Wenn die Eltern herausgefunden haben, welche Tonlage und welcher Rhythmus die Aufmerksamkeit ihres Kindes erregt, dann hat man manchmal den Eindruck, als ob es zur Begleitung mit seinen Bewegungen tanzt. Es ist ein Tanz mit kleinen Bewegungen, der von der Mutter aufgenommen wird. Und wie bei einem richtigen Tanz brauchen die Tanzpartner nicht über ihre Bewegungen nachzudenken.

◆ *Das Riechen*

Die Fähigkeit zu riechen ist ebenfalls vom ersten Tage an entwickelt. Auch das Riechen hilft dem Kind, die Besonderheiten von Mutter, Vater oder anderen wichtigen Personen wahrzunehmen und wieder zu erkennen. Das Baby kann zwischen angenehmen und unangenehmen Gerüchen unterscheiden. Es erkennt schnell den vertrauten Geruch seiner Mutter. Neugeborene können den Geruch ihrer Mütter nach dem fünften oder sechsten Tag erkennen und zeigen deutlich, dass er ihnen auch lieber ist als andere Gerüche. Später kann ein neues Parfum zu Verwirrungen führen, weil das Baby den vertrauten Geruch erwartet hat. Die Vertrautheit mit einem gewohnten Geruch kann auch manchmal beim Einschlafen helfen, indem man ein mütterliches, gerade nicht frisch gewaschenes Kleidungsstück in die Wiege oder in das Bettchen legt.

◆ *Das Schmecken*

Der Geschmack des Babys ist von Anfang an so fein entwickelt, dass es süß und salzig, sauer und bitter unterscheiden kann. Diese Fähigkeit schützt es vor der Aufnahme unverträglicher Nahrungsmittel und seine Vorliebe für Süßes zeigt die Anpassung an den Geschmack der leicht süßen Muttermilch. Auch das Schmecken hilft dem Baby, sich in seiner Umwelt zurecht zu finden. Die Eltern werden seine Vorlieben und Abneigungen kennen lernen und akzeptieren.

◆ *Die Berührung*

Die Haut vermittelt dem Baby vom ersten Tage an wichtige Informationen aus seiner Umgebung. Die körperliche *Berührung* kann ein Baby *beruhigen*. Sie kann auch ein Baby aufwecken und anregen. Ob ein Baby die Berührung als anregend oder beruhigend wahrnimmt, wird von seinem eigenen aktuellen Befinden und von der Intensität der Berührung abhängen. Die Reaktion des Kindes richtet sich auch nach dem berührten Körperteil. Ein Streicheln um den Mund herum löst den Such- und Saugreflex aus. Der Druck auf eine Handfläche führt dazu, dass das Baby den Kopf auf die Seite dreht, auf welcher der Druck erfolgte. Außerdem wird es den Mund öffnen. Das Streicheln eines Mundwinkels veranlasst das Kind, die Hand derselben Körperseite zu ballen und das Fäustchen zum Mund zu führen. Diese Reaktion hat das Kind schon vor der Geburt geübt und sie hilft ihm, sich selbst zu beruhigen, sich anzuregen oder seine eigenen Bewegungen zu kontrollieren. Somit steht ihm eine weitere Möglichkeit, sich selbst zu helfen, zur Verfügung, wie es ihm auch mit der Regulation des Blickverhaltens und dem Ab- oder Zuwenden des Kopfes gegeben ist.

Bei allen anderen Formen des Körperkontaktes findet Berührung natürlich ebenfalls statt. Beim Hochnehmen, beim Herumtragen oder beim Schaukeln erfährt das Kind etwas über sich und seine Lage im Raum. Sein Gleichgewichtssinn und das Empfinden der eigenen Muskelspannung geben ihm Auskunft darüber, wo es sich befindet und wie es gehalten wird. Das Kind nimmt wahr, dass Vater und Mutter unterschiedlich mit ihm umgehen. Mütter scheinen eher durch Hochnehmen und Festhalten für die Beruhigung ihres Kindes zu sorgen. Die Väter hingegen fordern ihre Kinder durch gewagte rhythmische Spielchen heraus. Das Kind hat eine ausgeprägte Vorliebe für rhythmische Bewegungsempfindungen, die es mit all seinen Sinnen empfindet. Diese ganzheitliche Empfindung ermöglicht es ihm, eine umfassende Vorstellung von seiner Umgebung, von seinen Eltern und anderen wichtigen Personen zu entwickeln. Wahrnehmungen und Empfindungen werden dabei von

Anfang an von intensiven Gefühlen wie der Freude und manchmal auch der Angst begleitet.

Ich sehe, was ich höre – das Zusammenspiel der Sinne

Wenn Babys etwas hören, was sie aufgrund der Lautstärke nicht erschreckt, werden sie neugierig und sie wenden ihren Kopf der Geräuschquelle zu. Was sie neugierig gemacht hat, wollen sie auch sehen und sich ein Bild davon machen. Häufig wird es das Gesicht von Mama oder Papa sein, das sowieso das Aufregendste ist, was einem Baby in den ersten drei bis vier Monaten begegnen kann. Es ist deshalb so interessant, weil kein anderer „Gegenstand" so prompt auf das Verhalten des Kindes reagiert. Lächelt das Kind, wird die Mama große Augen machen, den Mund öffnen und ihre Stimme erklingen lassen. Probiert das Kind seine Stimme aus, wird der Papa auf seine Äußerungen hin reagieren, den Ton wiederholen und zu einem kleinen Gespräch ohne Worte einladen.

Diese innige Verbindung zwischen den Verhaltensweisen der beiden „Gesprächspartner" tritt viele Male in den ersten Tagen und Wochen auf. Das Baby ist aufgrund seiner angeborenen Wahrnehmungsfähigkeiten und der sich wiederholenden Erfahrungen in der Lage, Zusammenhänge zwischen seinem Verhalten und dem Verhalten seiner Eltern zu erkennen. Durch die häufig und regelmäßig auftretenden „Zwiegespräche" beim Füttern, Windeln, Baden oder Spielen im Alltag stellt sich das Baby am deutlichsten auf die erwarteten Zusammenhänge zwischen dem Gehörten und dem Gesehenen ein. Es weiß also bald, wie das Gesicht von Mama oder Papa aussieht, wenn es deren Stimme in einer ganz bestimmten Tonhöhe hört.

Spätestens mit drei Monaten reagiert es mit Verwirrung und Unruhe, wenn diese Vorerwartungen nicht erfüllt werden. Würde die Mama eines Tages ihr Kind nicht in der gewohnten Weise begrüßen, dann würde es verwundert sein und mit all seinem Charme und seinen mimischen Ausdrucksmöglichkeiten versuchen, die Mama zu einer ihrer gewohnten und geliebten Reaktionen zu „überreden". Hätte es damit keinen Erfolg, würde es irritiert sein. Seine Irritation würde sich zunächst an einer zunehmenden Unruhe in den Bewegungen erkennen lassen. Vielleicht würde es mit den Armen rudern oder verstärkt mit den Beinen strampeln. Es könnte auch sein Gesicht verziehen. Würde die Mama sich jetzt weiterhin ungewöhnlich und damit irritierend verhalten, würde das Baby zu weinen und zu schreien beginnen. Diese Reaktion ist der intensivste Hilferuf, der einem Baby zur Verfügung steht. Einige Babys würden vielleicht auch einen starren Blick bekommen und völlig abschalten, so als ob sie nur auf diese Art und Weise dieser für sie so verwirrenden Situation entkommen könnten.

Manches Quengeln und Schreien kann Folge eines irgendwie veränderten, eines abwesenden oder eines unaufmerksamen Verhaltens von Mutter oder Vater sein. Natürlich reagieren Eltern nicht immer gleich wie eine Maschine gegenüber den Äußerungen ihres Kindes. Das ist auch nicht nötig. Die natürlichen Unterschiede in ihrem Verhalten können die Babys durchaus verkraften. Aber extreme Wechsel in der Zuwendung verhindern, dass sie zwischen ihren Reaktionen und denen der Eltern Zusammenhänge erkennen können. Das Erkennen von Zusammenhängen gehört jedoch mit zu ihren frühen Bedürfnissen. Diese ersten Lernerfahrungen vermitteln ihnen Sicherheit. Was man schon ein bisschen kennt, gibt einem ein sichereres Gefühl, als wenn alles unbekannt ist oder man nicht weiß, worauf man sich einstellen muss. Das geht Babys genauso wie größeren Kindern oder Erwachsenen. Wichtig ist eine aufmerksame, emotional zugewandte Haltung zum Baby. Sie hilft ihm, seine angeborenen Fähigkeiten weiter zu entfalten und sich in seiner zum Teil ja noch recht verwirrenden Umwelt zurechtzufinden.

Zwischen Schlafen und Schreien – die Regulation des Verhaltens

Schlafen und Schreien gelten als die typischsten Verhaltensweisen des Babys. Das Schlafen wird als eine Hauptbeschäftigung des Babys von den Eltern sehr erwünscht. Zugleich ist das Schlafen des Babys ein beliebtes Thema der Gespräche von Müttern untereinander oder mit den Verwandten und Nachbarn: *„Schläft es schon durch? Wie lange braucht es zum Einschlafen? Mein Kind schläft schon lange jede Nacht durch, ohne aufzuwachen.“* Solche und ähnliche Fragen und Behauptungen sind wohl die am häufigsten diskutierten Fragen. Gerade Mütter von Babys, die lange brauchen, bis sie mal durchschlafen, fühlen sich dann oft unter Druck gesetzt.

Schreien ist das Verhalten, das am nachdrücklichsten eine Reaktion bei den Eltern herausfordert und bei längerem Anhalten zu wachsender Unsicherheit führt. Wenn wir uns die Zeit nehmen, Babys genau zu beobachten, auch Neugeborene, dann werden wir leicht feststellen können, dass Babys natürlich auch Zeiten haben, in denen sie nicht nur schlafen oder schreien, sondern wach und aufmerksam sind. Dann wollen sie sich mit ihrer Umgebung beschäftigen. Ihre Aufmerksamkeit schenken sie der Mama, dem Papa, anderen Personen, einem Schatten an der Wand oder den eigenen Händchen.

In den ersten Wochen lernt das Baby selber zu bestimmen, wann es richtig wach und zufrieden ist und wann es dösen oder schlafen möchte. Es lernt auch, wie es mit Quengeln oder intensivem Schreien auf eine unbehagliche Lage aufmerksam macht, die es nicht selbst beseitigen kann. Diese Fähigkeit, unterschiedliches Verhalten auswählen oder regulieren zu können, ermöglicht dem Kind, sich an seine Umgebung anzupassen. Dabei helfen ihm seine angeborenen Fähigkeiten und die Geborgenheit und Zuversicht seiner Eltern.

Ist seine Umgebung zu aufregend, dann kann es abschalten und sich zurückziehen. Es kann damit eine Pause machen, bis die Umgebung seine Überforderung bemerkt hat. Natürlich kann das Baby nur von seinem eigenen Rückzug profitieren, wenn die anderen seine Überforderung bemerken und entsprechend für Ruhe und Entlastung sorgen können. Sind die Veränderungen in seiner Umgebung weder zu erschreckend noch zu langweilig und fühlt sich das Baby wohl, dann kann es seine ganzen Fähigkeiten der Wahrnehmung und des Lernens einsetzen und neugierig seine nahe Welt erkunden. Dabei werden ihm seine Eltern oder andere wichtige Personen helfen. Sie lernen, das Verhalten und Befinden des Kindes zu unterscheiden und darauf angemessen zu reagieren.

♦ *Der Schlaf*

Der Schlaf eines Babys besteht wie bei einem größeren Kind oder einem Erwachsenen aus unterschiedlichen Schlafphasen, die sich nach der Tiefe des Schlafes unterscheiden. Die Fähigkeit richtig tief schlafen zu können, entfaltet sich erst in den ersten Lebenswochen und hängt vom Reifungszustand des Nervensystems ab. Im Tiefschlaf ist das Baby für äußere Reize kaum ansprechbar. Seine Atmung ist tief und gleichmäßig und die Augenlider sind fest geschlossen. Manchmal kann es kurz zusammenschrecken, ohne jedoch richtig aufzuwachen. Die Zeiten des Tiefschlafes helfen dem Kind, sich zu erholen und sein schnell erschöpftes Nervensystem zu entlasten.

Der Traumphasenschlaf gilt als aktive Schlafphase und ist auch bekannt als REM-Schlaf, so bezeichnet nach dem englischen Begriff für die schnellen Augenbewegungen, die den Traumschlaf begleiten (rapide eyes movement). In dieser Schlafphase ist das Kind für Geräusche in der Umgebung zugänglicher als im Tiefschlaf. In seinem Gesicht kann man hin und wieder Stirnrunzeln, Grimassieren oder ein Lächeln beobachten. Auch sein Körper scheint unruhiger zu sein, ebenso die Atmung. Der Traumphasenschlaf dient wahrscheinlich der Hirnentwicklung.

Einige Wissenschaftler unterscheiden neben dem passiven Tiefschlaf und dem aktiven Traumschlaf noch die Phase des Halbschlafes. Diese Art des Schlafes ist ein Übergangszustand, der in einen tieferen Schlaf oder zum vollständigen Erwachen führen kann. Das Baby ist in diesem Übergangszustand empfänglicher für Reize aus der Umgebung. Manchmal öffnet und schließt es abwechselnd ein Auge und zeigt einen abwesenden Blick. Arme und Beine können in Bewegung geraten und es ist leichter aufzuwecken. Eltern sorgen für Ruhe, wenn sie glauben, etwas mehr Schlaf wäre noch ganz gut. Wenn es an der Zeit ist, wieder etwas zu trinken, machen sie ihr Kind behutsam wach. Es aus dem Tiefschlaf zu wecken oder gar während des Tiefschlafes zu füttern, stört die Erholung des Kindes und die Nahrungsaufnahme wäre nicht optimal. Besser ist es, auf die nächste Phase des Halbschlafes oder auf das vollständige Erwachen zu warten. Eltern können ihrem Kind helfen, sich nach der Geburt besser zurechtzufinden, indem sie die unterschiedlichen Verhaltenszustände erkennen lernen und ihre eigenen Aktivitäten dem Wechsel von Schlafen und Wachsein anpassen.

◆ Das Wachsein

Vielleicht ist das Baby nun aus dem Schlaf vollständig erwacht und mit sich und seiner Umgebung zufrieden. Es ist ausgeruht und zeigt mit seinem Blick Neugier und Offenheit für das, was in seiner unmittelbaren Nähe passiert. Geräusche und optische Eindrücke fesseln seine ganze Aufmerksamkeit, so dass es sich wenig bewegt und mit strahlenden Augen seine Umgebung erkundet. Dies ist die Zeit, in der Babys am intensivsten an ihrer Umgebung interessiert und für die Reaktionen ihrer Eltern ganz Auge und Ohr sind. Jetzt ist die Gelegenheit für das Kind, die Zusammenhänge zwischen dem eigenen Verhalten und dem des Gesprächs- und Spielpartners herauszufinden.

Eltern reagieren darauf mit einer lebhaften mimischen und akustischen Ansprache und Erfindungen von kleinen rhythmischen Spielchen. Sie fühlen sich von dem rundlichen und niedlichen Aussehen des Babys, seinen unbeholfen wirkenden Bewegungen und seiner Fähigkeit zur Nachahmung angeregt. Schon Neugeborene sind in der Lage, Bewegungen des Mundes nachzuahmen. Das Öffnen des Mundes, das Herausstrecken der Zunge oder das Spitzen des Mundes kann man beobachten.

Geradezu beflügelt in ihren eigenen Bemühungen, die ganz speziellen Vorlieben ihres Babys kennen zu lernen und es mit ihrer Stimme, ihrem Gesicht und ihren Berührungen anzuregen, werden die Eltern durch das erste Lächeln. Beim wachen Kind tritt es etwa mit zwei bis vier Wochen spontan auf. Das Lächeln des Kindes zeigt sein Wohlbefinden. Es tritt ohne äußeren Anlass auf, also auch, wenn keiner hinguckt. Mit etwa sechs bis acht Wochen lächelt das Kind, wenn es angeschaut wird. Es macht keinen Unterschied zwischen vertrauten und fremden Gesichtern. Wenn es freundlich angeblickt wird, dann reagiert es meistens mit einem Lächeln. Für die Eltern ist das die intensivste und erfreulichste Aufforderung ihres Kindes, auf seine Neugier und Fröhlichkeit zu reagieren. Noch lächelt es alle Gesichter unterschiedslos an. Doch allmählich erkennt es die kleinen Unterschiede in den Gesichtern, die ihm begegnen. Es lächelt nun bevorzugt die Gesichter von vertrauten Personen an. Mit fünf bis sechs Monaten reagiert es auf unterschiedliche Gefühlsausdrücke in den Gesichtern der anderen. Es erfährt, wie man Gefühle ausdrückt und wird sich daran orientieren. Es übernimmt den ärgerlichen oder freundlichen Gesichtsausdruck seines Gegenübers. Vorzugsweise lächelt es bei der Begegnung mit einer vertrauten Person mit einem freundlichen Gesicht.

Babys in den ersten Lebenswochen haben für die wachen, aufmerksamen Zeiten eine Ausdauer von wenigen Minuten. Kinder im Alter von zwei bis drei Monaten können auch schon zwanzig bis dreißig Minuten aufmerksam sein, aber jedes Kind hat dabei sein eigenes Entwicklungstempo und sein eigenes Maß an Ausdauer. Die Anwesenheit eines ebenfalls wachen und vor allen Dingen aufmerksamen Partners ist dafür eine wichtige Voraussetzung. Diese Aufgabe kann kein noch so buntes Spielzeug alleine übernehmen. Das liebste Spielzeug in dieser Zeit bis etwa zum vierten/fünften Monat sind Stimme, Gesicht und Berührung von Mama, Papa oder anderen zugewandten Personen. Also können Eltern mit dem Kauf von Spielzeug warten und sich die Zeit für kleine Zwiegespräche und Spielchen nehmen.

Eltern setzen ihr kleines Baby oft so auf den Schoß, dass es in die Gegend gucken kann, aber nicht in das Gesicht des anderen. Babys etwa im Alter bis zu vier oder fünf Monaten sind davon eher überfordert und brauchen stärker das unmittelbare Zwiegespräch von Angesicht zu Angesicht. Auch hier wieder ist im Verhalten des Kindes und seinen Bedürfnissen nach gemeinsamem Austausch ein Hinweis für den Umgang der Eltern mit ihrem Kind zu finden. Das Kind profitiert von seinen Fähigkeiten zur Wahrnehmung, wenn es oft Gelegenheit bekommt, das Gesicht seiner Eltern zu betrachten, ihren Stimmen zu lauschen und mit seinen Augen, seiner Mimik und seiner Stimme zu antworten.

Nicht immer sind die Eltern fröhlich und gelassen. Aber es wäre gut, wenn beim Windeln, beim Baden oder nach dem Aufwachen die Zeit für einen kleinen fröhlichen Austausch genutzt werden könnte. Diese Minuten helfen dem Kind ausgeglichener zu werden und können den Eltern Kraft geben für die nächsten anstrengenden Zeiten. Auch manche Niedergeschlagenheit lässt sich durch die Neugier und Fröhlichkeit des Kindes „wegzaubern".

Das Interesse an Gegenständen oder einem Spielzeug erwacht erst im vierten oder fünften Monat. In diesem Alter drücken Babys ihre Neugier nach bestimmten Gegenständen oder Spielzeug aus, indem sie zwischen dem Gegenstand und der Mutter oder dem Vater hin- und herschauen. Es ist, als wollten sie diese auffordern, doch auch mal den interessanten Gegenstand anzusehen. Sie möchten auch sehen, was damit anzufangen wäre. Mutter oder Vater werden den umherwandernden Blick bemerken und zum Beispiel die Klapper in die Hand nehmen und schütteln. Das Baby wird auf das Geräusch reagieren und zufassen wollen oder mit seiner Stimme oder mit seinen Augen den anderen auffordern, das Spiel zu wiederholen. Zugreifen und Loslassen kommen jetzt ins Spiel. Bis zum fünften Monat kann das Baby zwar fest zupacken, aber noch nicht absichtsvoll einen Gegenstand wieder loslassen. Der Greifreflex sorgt für das Zupacken. Das Öffnen des Händchens kommt später. Erst wenn es etwas loslassen kann, wird das Kind einen Gegenstand gezielt untersuchen. Dabei hilft ihm eine verbesserte Koordination zwischen Sehen und Anfassen. Auch hier ist es wieder interessiert an Zusammenhängen. Es stößt zum Beispiel aus Versehen mit der Hand an die Klapper und stellt fest, dass dabei ein interessantes Geräusch entsteht. Nach einigen weiteren, noch eher zufälligen Zusammenstößen fängt es an, das Geräusch absichtlich zu erzeugen. Jetzt beginnt es zu experimentieren: *„Klingt die Klapper anders, wenn ich mit der einen oder der anderen Hand oder gar mit beiden oder mit den Füssen dran stoße? Was ist, wenn ich es mal mit einem Gegenstand probiere? Wie wird es klingen, wenn ich den Holzklapper dagegen haue? Aber das ist ganz schön schwer. Ich haue noch oft daneben"*.

Sowie diese Fähigkeiten des gezielten Greifens, des Loslassens und der Koordination zwischen dem Greifen und dem Sehen da sind, wird das Kind also selbstständig herausfinden wollen, wie ein Gegenstand sich anfühlt, welche Geräusche und Bewegungen er machen kann und wie das Kind diese Geräusche und Bewegungen variieren kann. Es entdeckt den Spaß am eigenen Tun. Zu erkennen, was es selbst machen kann, gibt dem Kind Sicherheit und eine größere Ausdauer. Nun ist es auch besser in der Lage, allein längere Zeit zu spielen.

◆ *Das Quengeln*

Wenn das Zwiegespräch oder das gemeinsame Spielchen für das Baby zu lange dauert oder zu heftig von den Eltern gestaltet wurde, kann es passieren, dass das Kind in den nächsten Verhaltenszustand wechselt. Es zeigt seine Überforderung oder sein Unbehagen. Es ist noch aufmerksam gegenüber seiner Umgebung, aber es beginnt zu quengeln. Das beginnt oft mit einem Verziehen des Mundes, dem Abbruch des Blickkontaktes und größerer motorischer Unruhe. Je nach Reaktion von Mutter oder Vater wird es diesen aufmerksamen aber quengeligen Verhaltenszustand beenden können. Wenn Mutter oder Vater eine winzige Variation des eben noch interessanten Spielchens erfinden, die es gerade so verkraften kann, spielt es noch einmal für ein paar Sekunden oder Minuten mit. Es ist kurz aufmerksam aber vielleicht doch schon ein wenig überfordert. Dann beruhigt die Mutter das Kind besser mit ihrer vertrauten Stimme oder mit bestimmten Bewegungen, wie über den Kopf streicheln oder einem sanften Schaukeln, und es kann in den Schlaf finden.

Werden die Angebote aus der Umgebung nicht reduziert, dann wird das Kind das Quengeln verstärken oder zu weinen beginnen. Das Quengeln wurde möglicherweise von den Eltern nicht als ein Hilferuf wahrgenommen. Deshalb muss das Kind mehr tun, um auf seine Lage aufmerksam zu machen. Meistens ist das Quengeln ein Übergangszustand vor dem Weinen. Noch ist das Kind erreichbar. Je länger aber dieser Verhaltenszustand dauert, desto weniger ist es ansprechbar. Die zunehmende Unruhe wird sichtbar in ruckartigen Bewegungen, die das Baby noch zusätzlich erschrecken können.

◆ Das Schreien

Als letzter Verhaltenszustand muss nun das Schreien beschrieben werden. Das Schreien des Babys ist das wirksamste Mittel, jemanden herbeizurufen. Begegnen wir einem schreienden Säugling, so reagieren wir meistens intuitiv, ohne langes Nachdenken, egal, ob wir Erfahrungen mit einem Baby haben oder nicht. Wir fühlen uns aufgefordert etwas zu unternehmen, um den Anlass für sein Schreien herauszufinden und gegebenenfalls zu beseitigen. Wir werden unruhig und unser Herzschlag beschleunigt sich, der Blutdruck steigt.

Bei den Eltern löst das Schreien Gefühle der Besorgnis und der Verantwortlichkeit aus. Wenn sie keine angemessene Hilfe finden, können sich Gefühle der Ohnmacht und des Versagens einstellen. Wiederholen sich diese Situationen mit einem scheinbar nicht zu beruhigenden Baby, dann intensivieren sich diese Gefühle und hinzu kommen möglicherweise Gefühle der Wut auf das Kind angesichts der erlebten Hilflosigkeit. Auswege aus dieser Situation sollen im vierten Kapitel beschrieben werden.

Zunächst sei noch einmal klargestellt, dass das Schreien zu den normalen Verhaltensweisen eines Babys gehört. Alle Babys schreien! Die Ursachen für ihr Schreien können unterschiedlich sein. Babys schreien, weil sie sich hungrig oder sonst wie unbehaglich fühlen oder weil sie Schmerzen haben. Aber auch Langeweile oder Einsamkeit können die Ursache für das Schreien sein. Die häufigste Ursache für das Schreien, insbesondere das extrem viele Schreien, ist ein Zuviel an Eindrücken. Mit ihrem Schreien machen die Babys auf die damit verbundene Überforderung lautstark aufmerksam. Unbehagliche, langweilige oder überfordernde Situationen können sie in den ersten Lebensmonaten nicht selbst beenden und sie können auch noch nicht lange warten. Sie benötigen Hilfe von ihrer Umgebung.

Im Laufe der ersten sechs Lebenswochen kann sich die Zeit des täglichen und nächtlichen Schreiens steigern. Neugeborene sind also im Allgemeinen etwas ruhiger als

Kinder von etwa sechs Wochen. Viele Eltern beobachten auch, dass ihr Baby die späten Nachmittags- und die frühen Abendstunden zum Schreien bevorzugt. Im Laufe der nächsten Wochen und Monate verringert sich das tägliche Schreien und es entsteht eine größere Gleichverteilung über den Tag. Natürlich gibt es auch Kinder, die davon abweichen. Es handelt sich wieder um eine durchschnittliche Beobachtung, die für ein einzelnes Kind nicht genau stimmen muss.

Den meisten Eltern gelingt es, in den ersten Tagen und Wochen die unterschiedlichen Arten des Schreiens zu unterscheiden und richtig zu reagieren. Wie lange sie dafür benötigen, hängt aber nicht nur von ihrer Aufmerksamkeit und ihrer Sensibilität ab, sondern auch von ihrem Baby. Babys unterscheiden sich darin, wie deutlich oder wie undeutlich sie zeigen können, wie es ihnen geht und was sie gerade brauchen. Gerade Eltern von sehr viel weinenden Babys berichten, dass es für sie schwer erkennbar ist, was das Kind braucht. Häufig sind die Ankündigungen vor dem Schreien wie der Abbruch des Blickkontaktes, sich steif machen oder das Quengeln nicht gut zu erkennen. Stattdessen schreien die Kinder scheinbar ohne Vorwarnungen sofort los.

2 Das Gespür für das Baby – Intuition und Wissen

Woher wissen Eltern, was gut für ihr Baby ist?

Wohl kaum ein Thema im menschlichen Zusammenleben hat so widersprüchliche Beschreibungen in den letzten Jahrzehnten erfahren, wie die Empfehlungen und Vorschriften zum Umgang mit einem Baby. Und kaum ein Thema wird so emotional und vehement diskutiert wie dieses.

Die Befürchtung, sein Kind nicht genügend zu lieben und Fehler zu machen oder es zu sehr zu verwöhnen, so dass es einem dann auf der Nase herumtanzen könnte, sind wohl die am häufigsten geäußerten Sorgen der Eltern. Wie können Eltern für sich und ihr Baby den richtigen Weg finden, wenn Regeln kaum noch gelten, aber die Ansprüche, alles perfekt und richtig zu machen, gleichzeitig gewachsen sind?

Eine Wortmeldung von Tim

Also, ich glaube, meine Eltern haben das irgendwie im Gefühl. Ich merke das an der Art, wie sie mit mir reden, mich angucken, mich berühren und mich herumtragen. In den ersten Tagen waren sie sich dieses Gefühls noch unsicher. Sie ließen sich dann eher von den Meinungen anderer Personen leiten. Was die dann sagten, ist aber oft so widersprüchlich, dass meine Eltern ganz konfus wurden. Aber da ich selbst ja noch viel schlief und nur für wenige Minuten wach war, merkte ich das nicht so richtig.

Wo das Gefühl herkommt? Na, vielleicht ist es von der Natur so angelegt oder meine Eltern erinnern sich irgendwie auf unbewusste Weise an ihre eigene Kindheit und wie ihre Eltern mit ihnen umgegangen sind. Ich meine, es ist keine Erinnerung an eine Geschichte, die man mit Worten erzählen kann, sondern plötzlich ist das Gefühl, dass sie richtig handeln, einfach da. Sie sind sich sicherer geworden, eine gute Mama oder ein guter Papa zu sein.

Hin und wieder gibt es Situationen, in denen meine Eltern ihr Gefühl oder ihre innere Stimme nicht wahrnehmen können und es ihnen an Orientierung fehlt. Niemand ist perfekt und für kurze Momente halte ich das schon aus. Schwierig wäre es, glaube ich, wenn meine Eltern nur auf die Ratschläge anderer hören oder nach ganz bestimmten festgefahrenen Prinzipien vorgehen würden, die gar nichts mit mir und unserer Familie zu tun haben. Besonders verwirrend für mich wäre es, wenn sie ständig ihre eigenen Verhaltensweisen ändern oder über lange Zeit innerlich gar nicht anwesend sein würden. Dann wüsste ich nicht, woran ich bin und was ich von meinen Eltern erwarten kann.

Die genauen Beobachtungen des Verhaltens von Mutter und Kind oder Vater und Kind, die dank der Videotechnik in der Forschung gemacht werden konnten, zeigten Erstaunliches. Durch das Video konnte man erkennen, wie fein das Verhalten der Eltern auf das Verhalten des Babys abgestimmt ist. Diese Abstimmung geht so schnell, dass man sie erst entdecken konnte, als man die Videos ganz langsam abspielte. Sie vollzieht sich innerhalb von Bruchteilen von Sekunden, so dass sie den Eltern nicht bewusst sind. Das heißt, dass Eltern, aber auch andere Personen normalerweise mit ihrem Baby sensibel umgehen, ohne darüber nachdenken zu müssen. Die Forscher sprechen deshalb von intuitiven Verhaltensweisen. Wenn Eltern sich mit einem Baby beschäftigen, dann verändern sie ihre Stimme, ihre Mimik und die Art, wie sie sich bewegen. Mit ihren Verhaltensweisen helfen sie dem Baby in bewundernswerter Weise, seine eigenen Fähigkeiten zu nutzen und weiter zu entwickeln.

Diese intuitive Anpassung an ein Baby scheint eine allgemeine Eigenschaft zu sein, die allen Menschen gegeben ist, unabhängig davon, ob sie Erfahrungen mit einem Baby haben, ob sie Mann oder Frau sind und in welcher Kultur sie aufgewachsen sind. Selbst Kinder, etwa ab dem Vorschulalter, verändern ihr eigenes Verhalten, wenn sie einem Baby begegnen. Es handelt sich wahrscheinlich um Verhaltensweisen, die der Mensch im Laufe seiner Entstehungsgeschichte entwickelt hat. Durch die Fähigkeit zu intuitivem Verhalten wird das Aufwachsen der nächsten Generation gesichert. Das tägliche Miteinander führt zu intensiven Bindungen zwischen ihnen. Wenn ein Kind eine solche intensive Bindung zu mindestens einer bedeutsamen und zugewandten Bezugsperson im ersten Jahr entwickeln kann, dann besitzt es einen wichtigen Schutz für die vergleichsweise lange Kindheit, in der es sehr viel lernen muss.

Wenn wir den Eltern zuschauen würden

Was können wir genau feststellen, wenn wir sehr aufmerksam das Miteinander oder die Interaktion von Mutter oder Vater und Baby beobachten? Wir wollen unsere Aufmerksamkeit darauf richten, wie sie ihr Kind ansehen, mit ihm sprechen und sich ihm annähern. Alles, was die Eltern tun, wirkt übertrieben. Sie wiederholen oft, was sie sagen oder machen. Dabei sind Mimik, Sprache und Gestik langsamer, als wenn sie mit einem älteren Kind oder einem Erwachsenen reden würden. Sie nehmen intuitiv Rücksicht auf die langsamere Verarbeitung der Eindrücke durch das Baby und seine vergleichsweise schnelle Ermüdbarkeit, obwohl ihnen das keiner gesagt hat.

◆ *Die Mimik*

Reagieren Mutter oder Vater auf ein Zeichen ihres wachen Kindes, dann machen sie große Augen und unterstützen die Vorliebe ihres Babys für die Augenpartie, indem sie die Augenbrauen hochziehen. Diese so genannte Grußreaktion ist auch eine Reaktion, über welche die Eltern nicht nachzudenken brauchen. Sie tritt immer wieder und wie automatisch auf, so dass das Baby sich darauf einstellen kann. Wiederum haben Forschungen gezeigt, dass die überaus schnellen Reaktionen eine Voraussetzung dafür sind, dass das Kind Zusammenhänge zwischen seinen Reaktionen und denen seines Gegenübers erkennen kann. Zu den mimischen Reaktionen gegenüber einem Baby gehört natürlich nicht nur das Anschauen, sondern auch das Anlächeln. Beim Füttern eines etwas größeren Babys kann man die mimische Reaktion der Mutter oder des Vaters ebenfalls sehr schön beobachten. In dem Moment, wo der Löffel dem Kind gezeigt wird, öffnet der Erwachsene leicht den Mund, so als ob er die Mundbewegung dem Kind vorführen möchte. Das Kind macht die Mundbewegung nach und der Löffel mit dem Brei findet Platz in seinem Mund.

◆ Die Sprache

Zugleich mit der Grußreaktion werden die Eltern ihr Kind ansprechen und dabei in eine ganz typische Sprachmelodie und einen Sprachrhythmus fallen. Sie wählen intuitiv eine höhere Stimmlage.

Auch hier können wir wieder ein harmonisches Zusammenspiel zwischen den Vorlieben des Kindes und den Aktivitäten des Anderen feststellen. Das Kind bevorzugt in den ersten Wochen und Monaten die höheren Stimmlagen. Die Eltern oder andere Personen stellen sich unbewusst darauf ein. Auch mit ihrer Art zu sprechen berücksichtigen sie die noch langsame Reaktion auf Reize und die geringe Ausdauer des Babys. Sie reden mit ihrem Kind langsamer als mit einer anderen Person. Sie wiederholen ihre kürzeren Sätze mit kleinen Variationen und begleiten sie mit einer übertrieben wirkenden Mimik. Diese Mimik zeigt überdeutlich Gefühle des Erstaunens, der Überraschung und der Freude.

Die mimischen und stimmlichen Reaktionen spiegeln zugleich die Reaktionen des Kindes. Durch das gegenseitige Nachahmen und Anregen von mimischen und stimmlichen Reaktionen erfährt das Kind etwas von den Gefühlen seines Gegenübers und von seiner eigenen Wirkung auf den Gesprächs- und Spielpartner. Alle Verhaltensweisen des Kindes werden mit Aussagen kommentiert, die dem Kind einen Rahmen für sein Verhalten geben. Noch versteht es nicht den Inhalt der Worte, wenn die Mutter zum Beispiel sein Räkeln und Strecken nach dem Aufwachen mit freundlichen Worten kommentiert: *„Na, hallo, hast du fein geschlafen? Ja, strecke und recke dich nur, du bist ja schon so groß!"* Am Tonfall und an der Mimik der Mutter wird es erkennen können, dass die Mutter sich über sein Verhalten freut und dass es in Ordnung ist. In diesen täglichen gemeinsamen Momenten findet es heraus, wie die Eltern mit ihrer Stimme und ihrer Mimik Gefühle ausdrücken. Später wird es dann in ähnlicher Weise seine eigenen Gefühle ausdrücken.

◆ *Die Babysprache*

Manchmal stellen die Eltern die Frage nach der Babysprache: *„Sollte man mit dem Baby in der Babysprache reden?"* Wenn damit die Veränderungen gemeint sind, die man in der Stimmhöhe, der Nachahmung der kindlichen Laute und den häufigen Wiederholungen von kurzen einfachen Sätzen beobachtet, dann ist die Antwort eindeutig. *„Ja, Babysprache ist sinnvoll und wichtig für das Baby"*. Babysprache kommt in allen Kulturen vor. So wie auch Wiegenlieder, die überall ein gleiches Grundmuster, eben eine wiegende Melodie und eine einfache Sprache in einer höheren Tonlage haben. Die Babysprache hilft dem Kind, die stimmlichen Anregungen wahrzunehmen und darauf mit seinen Möglichkeiten zu reagieren.

Was würde man in einem solchen Gespräch hören und sehen? Das Baby guckt die Mutter oder den Vater genau an, wenn es angesprochen wird. Es steigert seine Aufmerksamkeit, wenn sie langsam reden oder vielleicht leiser werden. Die Pausen des Gesprächspartners nutzt das Baby zum Antworten. Es gibt einen kurzen Ton von sich, den der andere sofort nachahmt. An der sofortigen Reaktion kann man den sehr kurzen Zeitintervall erkennen, von dem schon die Rede war. Wieder antwortet das Baby mit dem selben Ton. In ihrer Reaktion führt die Mutter jetzt einen winzigen Unterschied ein. Der Ton wird vielleicht ein ganz klein wenig länger angehalten. Das Baby bemerkt den Unterschied und probiert jetzt auch einen längeren Ton. Die Mutter hält den Ton in ihrer nächsten Antwort noch ein bisschen länger an. Vielleicht wiederholt sich dieser Wechsel noch einige Male. Vielleicht wird es dem Baby aber auch langweilig, denn das kennt es schon. Es schaut kurz zur Seite. Die Mutter bemerkt das Weggucken und bietet ein neues Spielchen an. Sie spielt mit diesem vertrauten Ton, indem sie ihn in ein kurzes Krabbelspiel einfügt. Das Baby schaut wieder hin und ist ganz gespannt, was jetzt kommen wird. Nach einigen Wiederholungen, bei denen es lacht und strampelt, wird seine Aktivität geringer und es guckt wieder zur Seite. Die Mutter bemerkt es. Jetzt aber intensiviert sie nicht mehr ihr Spiel, sondern verändert ihre Stimme so, dass sie einen beruhigenden Klang annimmt. Ihre Stimme wird leiser und ihre Finger krabbeln nicht mehr von unten nach oben, sondern bewegen sich langsam abwärts streichelnd vom Kopf zu den Armen oder zum Bauch. Sie hat gespürt, dass ihr Baby nach den wenigen Minuten erschöpft ist und eine Pause braucht.

Würden Eltern oder andere mit einem Baby wie mit einem Erwachsenen reden, dann wäre das Baby überfordert und es würde sich nicht auf das Gespräch einlassen können. So aber erfährt es erste Regeln über die menschliche Sprache und das Zusammensein mit anderen. Es lernt den Ablauf eines Gesprächs kennen: *„Wann bin ich an der Reihe, wann ist meine Mama an der Reihe?"* Ein Heben der Stimme signalisiert Spannung und ein Senken Entspannung: *„Wenn sie die Stimme hebt, dann wird es besonders interessant oder sogar sehr aufregend, so dass ich fast nicht mehr mithalten kann. Wenn sie die Stimme senkt, dann kann ich mich beruhigen und etwa erholen, bis sie wieder einen neuen, aufregenden Einfall hat, zum Beispiel mit dem Finger bis zu meinen Ohren hoch zu krabbeln und dort zu 'klingeln'."*

Zur Babysprache gehört auch, dass die Eltern die Laute des Babys nachahmen und ihm dann Zeit lassen, mit seinen Möglichkeiten zu antworten. Es brabbelt in seiner Sprache und probiert seine Stimme dabei aus. Das Baby möchte angesprochen werden und es reagiert sehr fein auf die Unterschiede im Sprechen. Eine leise Stimme weckt seine Aufmerksamkeit und es wird sehr genau denjenigen angucken, von dem das Flüstern ausging. Wenn das Baby älter wird, dann „übersetzen" Mutter oder Vater die Laute des Kindes in Worte. Sie benennen damit die Gegenstände, mit denen sie gerade gemeinsam spielen. Ebenso werden die Handlungen, zum Beispiel beim Windeln oder Baden, sprachlich begleitet. So erfahren die Kinder, dass die Dinge einen Namen haben. Und aus den rhythmischen Silben wie „mamammam" oder „dadada" entstehen um das erste Lebensjahr die ersten Worte. Babys, deren Eltern wenig mit ihnen reden, erfahren weniger von ihnen und sind häufig auch langsamer in der Sprachentwicklung.

◆ Nähe und Entfernung

Das Verhalten von Eltern oder anderen Personen passt sich nicht nur beim Reden oder Anschauen den Bedürfnissen und Fähigkeiten des Kindes an. Intuitiv erspüren sie auch den angemessenen Abstand zwischen ihnen und ihrem Baby. Ohne sich darüber genau bewusst zu sein, können sie an den Reaktionen des Kindes die richtige Nähe feststellen. Auf eine zu große Nähe würde das Kind mit Abwendung reagieren. Es würde die Augen schließen, den Blickkontakt unterbrechen oder auch den Kopf wegdrehen. Damit zeigt es, dass Mama oder Papa zu dicht dran sind oder vielleicht mit zu viel Spielzeug zu schnelle Bewegungen machen. Wenn sie zu weit weg sind, kann es sich nicht wirklich angesprochen fühlen.

Die Bedeutung der elterlichen Fähigkeiten

Intuitive Fähigkeiten dienen nicht nur der Anregung und der Unterhaltung, sondern natürlich auch der Beruhigung. Dazu zählt das Wahrnehmen von unterschiedlich intensiven Hinweisen auf Erschöpfung, wie Blickabwenden, schnellere Atmung, größere Unruhe oder sich steif machen.

Abwärts streichelnde Bewegung der Hände und eine Stimme mit einer fallenden Tonfolge helfen dem Kind, sein inneres Gleichgewicht wieder zu finden. Das Kind kann auch unterstützt werden, indem man ihm den Daumen oder die ganze Hand behutsam zum Mund führt, eine Hand auf den Bauch legt oder die Händchen über der Mitte zusammenführt. Bei kleinen Babys hilft das feste Einbinden in ein Tuch oder das Hochnehmen und sanftes Schaukeln.

Das Baby und seine Eltern besitzen also meistens gut aufeinander abgestimmte Fähigkeiten, um die Entwicklung des Babys in seiner Familie zu unterstützen. Sie helfen auch mit Alltagsbelastungen fertig zu werden, die sich in jeder Familie einstellen. Bei den meisten Mutter-Kind- und Vater-Kind-Paaren kann man sich darauf verlassen, dass beide Seiten von Natur aus diese Fähigkeiten haben, die ihnen ein zufrieden stellendes Miteinander ermöglichen. Die individuelle Ausprägung und Entfaltung dieser Fähigkeiten werden sie im Verlaufe der ersten Wochen und Monate immer leichter nutzen können.

Das Wissen um die intuitiven Fähigkeiten kann Eltern von dem Gefühl entlasten, alle Handlungen rational durchdenken und die gesamte Entwicklung ihres Kindes bewusst und perfekt steuern zu müssen. Das heißt, dass Eltern sich auf ihr Gefühl verlassen können, wenn sie auf der Suche nach Orientierung sind. Ihre innere Stimme wird häufig ein besserer Kompass sein als äußere Prinzipien, die andere festgelegt haben. Das Verhalten des Kindes wird ihnen zeigen, ob sie auf dem richtigen Weg sind.

Natürlich gibt es auch Situationen, in denen Mütter oder Väter feststellen, dass sie so etwas wie eine innere Stimme nicht wahrnehmen können. Sie haben das Gefühl, ihnen fällt nichts ein, was sie mit ihrem Baby machen können. Statt sich darüber den Kopf zu zerbrechen, kann vielleicht in solchen Momenten das Baby helfen. Was kann man sich darunter vorstellen? Wenn das Baby wach und zufrieden ist, dann kann sein Verhalten ein Wegweiser für die nächsten gemeinsamen Minuten sein. Mutter oder Vater und das Baby sitzen bzw. liegen sich so gegenüber, dass sie sich anschauen können und dass es für beide bequem ist. Die folgenden Minuten gehören ihnen ganz allein. Kein Gedanke an unerledigte Hausarbeiten oder den letzten Streit mit dem Partner oder den Arbeitskollegen ist jetzt erlaubt. *„Mal sehen, was passieren wird? Welche Geräusche kann das Baby schon machen und wie wird es reagieren, wenn ich es anlächele oder mal flüstere?"*

Eine freundliche und offene Haltung sorgt für eine Atmosphäre, die das Baby einlädt, seinen ganzen Charme zu entfalten und seine Fähigkeiten zu zeigen. Ein kleines Zwiegespräch kann nun entstehen, wenn Mutter oder Vater das Baby freundlich beobachten und seine mimischen und stimmlichen Reaktionen sogleich nachahmen. Sie müssen dabei nicht perfekt sein oder viel nachdenken. Sagt das Baby etwas wie zum Beispiel *„eeehh"*, dann antwortet der Vater auch mit einem *„eeehh"* und wartet auf die Reaktion seines Kindes. Es wird wieder einen Ton von sich geben, der dem ersten gleicht oder ein wenig davon abweicht. Und wieder kann der andere antworten. Vielleicht wird es dann dem Baby langweilig und es guckt kurz zur Seite. Jetzt ist der Vater an der Reihe etwas zu sagen. Er kann ein ganz neues

Geräusch machen oder flüstern und das Baby wird ihn wieder aufmerksam angucken. Beide werden sich anlächeln und die Mimik verändern. Vielleicht sind beide richtig in Fahrt gekommen und das Reden und Spielen geht wie von selbst. Irgendwann, nach wenigen Minuten oder nach einer Viertelstunde ist die Kraft des Babys erschöpft. Es lässt sich nach einer Unterbrechung des Blickkontaktes nicht mehr zu einer neuen Spielidee einladen und zeigt auch keine eigene Initiative mehr, Mutter oder Vater zu einem weiteren Spaß aufzufordern. Die Spielpartner kommen allmählich zur Ruhe.

Obwohl die Wissenschaftler davon überzeugt sind, dass die intuitiven Fähigkeiten allgemein menschliche Eigenschaften sind, sind sie doch störanfällig und nicht allen Eltern stehen sie immer gleich zur Verfügung. Diese Einschränkungen können durch aktuellen Stress oder Dauerbelastungen in der Familie entstehen. Am einfachsten zu verstehen sind die Zusammenhänge zwischen Belastungen und eingeschränkten intuitiven Fähigkeiten, wenn man sich in die Situation von hochgradig übermüdeten und erschöpften Eltern hineinversetzt. Aufmerksam und spontan mit seinem Baby zu reden und zu spielen ist fast unmöglich. Wie viel leichter geht es, wenn man ausgeschlafen und ausgeglichen ist.

Andere Belastungen haben nicht so klar erkennbare Ursachen und lassen sich nicht so leicht beheben. Wenn es Eltern sehr selten oder gar nicht gelingt, sich mit ihrem Baby wohl zu fühlen oder sich beim gemeinsamen Spielen belastende Gedanken oder verwirrende Gefühle einstellen, dann wäre es gut, Hilfe und Unterstützung bei Fachleuten zu suchen. Darauf gehe ich im fünften Kapitel ein. Für die Entwicklung des Kindes und für das Wohlbefinden der Eltern ist es besser, wenn die Babyzeit überwiegend harmonisch ablaufen kann. Das heißt nicht, dass es keine Schwierigkeiten und Probleme geben darf. Sie gehören dazu! So manche gemeisterte Herausforderung erfüllt einen auch mit Stolz und gewachsener Lebenserfahrung. Die Belastungen jedoch ernst zu nehmen, schafft die Voraussetzungen dafür, dass das Baby seine angeborenen Fähigkeiten, seine Neugier und sein Bedürfnis nach spielerischem Austausch mit anderen für seine weitere Entwicklung gut nutzen kann.

3 Schreien –
das Telegramm des Babys

Normales und übermäßiges Schreien

Schreien gehört zum Leben eines Babys dazu wie das Schlafen und das Wachsein. Das Schreien ist seine intensivste Ausdrucksmöglichkeit oder wie eine Kollegin sagt, das „Telegramm des Babys". Telegramme wollen richtig gelesen werden, damit die Verabredung klappt.

In Situationen, in denen sich die Eltern aufgrund des Verhaltens ihres Babys, ihrer eigenen Vorstellungen oder den gut gemeinten Bemerkungen aus der Verwandtschaft oder der Nachbarschaft verunsichert fühlen, steht häufig die Frage im Raum, ob man das Baby schreien lassen soll oder nicht. Die Eltern hatten sich vielleicht fest vorgenommen, ihr Kind nicht schreien zu lassen. Wenn ihr Kind dann aber zu den Vielschreiern gehört, sind sie wahrscheinlich besonders enttäuscht. Sie sind enttäuscht, dass ihr Baby trotz ihrer Einstellung viel quengelt, weint und schreit. Ihr Vorhaben wird auf eine harte Probe gestellt. Entmutigend wirken in solchen Situationen noch die Kommentare aus der Verwandtschaft. Sie behaupten gar, das Kind würde so viel schreien, weil sie immer gleich reagieren würden. Sie wären also selber Schuld an diesem Zustand.

Tim mischt sich ein

Jetzt muss ich mal wieder mitreden. Also, was ich gar nicht möchte, alleine in meinem Bettchen liegen und schreien und keiner kommt. Wozu kann ich denn so laut schreien? Ich kann deshalb so laut schreien, damit mich einer hört und nach mir sieht, denn ich schreie nicht grundlos oder weil mir das Schreien Spaß macht. Es ist nämlich auch ziemlich anstrengend so laut zu schreien, auch wenn ich lange durchhalten kann. Ich bekomme einen roten Kopf, fange an zu schwitzen und bin dann ganz erschöpft. Aber eigentlich muss das ja nicht sein. Wenn gleich jemand kommt, zumindest in den ersten Monaten, dann werde ich Vertrauen zu meinen Eltern bekommen. Ich weiß dann, dass ich stark genug bin, auf mich aufmerksam zu machen und dass es ihnen nicht egal ist, wie es mir geht.

Und noch was. Wenn ich die Erfahrung machen kann, dass meine Mama auf mein Weinen und Schreien reagiert, dann kann ich später auch ein bisschen warten, denn ich bin mir sicher, dass meine Mama kommen wird. Das hat sie mir ja oft genug bewiesen. Natürlich ist es für meine Mama ziemlich anstrengend, immer gleich zu reagieren. Es muss ja nicht immer meine Mama sein. Mein Papa kann das eben so gut und solange ich noch nicht warten kann, nehme ich auch mit anderen Personen vorlieb.

Alle Babys schreien –
warum schreien manche mehr als andere?

Wenn sich Eltern über längere Zeit durch das Schreien ihres Kindes überlastet und verunsichert fühlen, dann ist zu vermuten, dass ihr Kind zu den Vielschreiern gehört. Ihre Einschätzung zählt, denn es sind in erster Linie die

Eltern, die mit ihrem Baby den Alltag bewältigen müssen. Sicher ist die Toleranz der Eltern unterschiedlich. Untersuchungen haben aber gezeigt, dass Mütter, die sich über das viele Schreien ihres Babys beklagt hatten, auch wirklich Kinder hatten, die mehr schrien als andere Kinder.

Forscher sagen, ein Baby schreit besonders viel oder exzessiv, wenn es seit mindestens drei Wochen, an mindestens drei Tagen in der Woche und dann mindestens drei Stunden am Tag quengelt und schreit. Sie brauchen diese etwas komplizierte Festlegung für ihre Untersuchungen, um die Ergebnisse vergleichen zu können. Am wichtigsten ist und bleibt jedoch das Gefühl der Eltern.

Früher war man der Meinung, dass dieses viele Schreien mit der Verdauung zu tun hat. Man sprach von den so genannten Drei-Monats-Koliken und war der Überzeugung, dass das Baby Blähungen und Bauchschmerzen hat und deswegen so viel schreit. Heute weiß man, dass es noch andere Gründe für das verstärkte Schreien gibt und dass die wenigsten dieser Vielschreier einzig und allein Bauchschmerzen haben. Das könnte erklären, warum nur bei manchen Babys die Umstellung in der Ernährung der Mutter oder die Gabe von verdauungsfördernden Medikamenten hilft, aber bei einem beachtlichen Teil dieser Kinder eben nicht. Obwohl man mit dem Begriff der Drei-Monats-Koliken eine relativ einfache Erklärung hätte und viele Kinderärzte und Eltern auch nach wie vor davon ausgehen, zeigen genauere Beobachtungen, dass diese Kinder noch andere Schwierigkeiten haben. Wenn nicht Drei-Monats-Koliken, was ist es dann?

Wenn ein Kind geboren wird, dann verliert es die schützende Hülle der Gebärmutter, in der es neun Monate lang gewachsen ist. Dort gab es keine klar unterscheidbaren Tag- und Nachtrhythmen. Atmung und Ernährung musste das Kind nicht aus eigener Kraft bewältigen. Relativ gut abgeschirmt gegenüber störenden Einflüssen von außen, konnte es sich in Ruhe entwickeln. Nach der Geburt verändert sich die unmittelbare Lebensumwelt des Kindes in allen Bereichen. Es muss selbst für die nötige Körperwärme sorgen und selbstständig atmen. Die Schwerkraft macht ihm zu schaffen und seine Bewegungen verlaufen relativ unkoordiniert. Essens- und Schlafenszeiten kann es nicht mehr völlig alleine bestimmen, sondern es muss sich in den nächsten Wochen und Monaten an den Alltagsrhythmus seiner Familie anpassen. Auch die Regelung seines eigenen Befindens muss es jetzt übernehmen.

Babys unterscheiden sich erheblich darin, wie lange sie für diesen Anpassungsprozess nach der Geburt brauchen und wie leicht irritierbar sie dabei sind. Für die meisten Kinder ist dieser Anpassungsprozess mit drei Monaten überstanden. Zu diesem Zeitpunkt haben sie sich in ihrer neuen Welt einigermaßen zurechtgefunden. Auch ein Teil der extrem viel schreienden Babys hört mit drei Monaten von heute auf morgen auf und erscheint den schon recht erschöpften Eltern wie ausgewechselt. Aber drei Monate können für die Eltern unendlich lang sein, wenn ihr Baby sehr viel schreit und scheinbar nicht zu beruhigen ist. Babys, die in den ersten drei Monaten und darüber hinaus kaum zur Ruhe kommen, zeigen Besonderheiten in ihrer Verhaltensregulation. Ihnen fällt es sehr viel schwerer, in den Tiefschlaf zu finden oder richtig wach und zufrieden zu sein. Eine ihrer Besonderheiten besteht also darin, dass sie ihr eigenes Befinden, oder anders gesagt den Wechsel zwischen den Verhaltenszuständen, noch nicht gut steuern können. Ihre Möglichkeiten, Anregungen von ihren Eltern zu verarbeiten, sind schneller erschöpft und sie können wiederum ihren Eltern weniger deutlich zeigen, ob sie zum Beispiel schlafen oder wach sein wollen. Häufig wirken sie wie gefangen in den Übergangszuständen des Quengelns oder des

Halbschlafes oder sie wechseln scheinbar ohne Ankündigung ins Schreien. Das gegenseitige Kennenlernen ist dadurch erschwert. Eltern von solchen Babys beobachten auch, dass sie sehr schreckhaft sind. Häufige Veränderungen in ihrer Umgebung mögen sie ebenfalls nicht. Sie reagieren mit verstärkter Irritation, mit vermehrtem Quengeln und Schreien, wenn sie zum Beispiel mal zu Hause, mal im Cafe oder bei einer Freundin gestillt oder gefüttert werden.

Welche besonderen Schwierigkeiten haben diese Babys noch? Es fehlen ihnen die Erfahrungen, sich selbst zu beruhigen. Babys ohne größere Anpassungsschwierigkeiten finden eher heraus, dass sie sich teilweise selbst helfen können, indem sie zum Beispiel den Daumen, einen Finger oder die ganze Faust in den Mund stecken, um daran zu saugen. Das beruhigt. Auch das kurze Weggucken hilft, sich zu beruhigen.

Die meisten Babys, die viel schreien, schlafen weniger als die anderen, aber sie brauchen ihren Schlaf genauso. Sie wirken oft total übermüdet und können doch nicht in den Schlaf finden. Eltern haben häufig das Gefühl, dass sich ihr Kind gegen das Einschlafen wehrt. Sie meinen, ihr Kind will auf keinen Fall etwas verpassen. Ob Bauchschmerzen und Blähungen die Ursache oder doch vielmehr die Folge des vielen Schreiens sind, ist nicht immer klar zu sagen. Es ist durchaus denkbar, dass das Schreien zum Luftschlucken führt. Gemeinsam mit der großen Anspannung hat das Folgen für die Regulation der Nahrungsaufnahme und das Kind bekommt Bauchschmerzen.

Die Fachleute sprechen in diesem Zusammenhang auch von so genannten „Regulationsstörungen". Dieser Begriff bezieht sich auf die Schwierigkeiten des Babys, die Verhaltenszustände so zu steuern, dass es zwischen erholsamem Schlaf und aufmerksamem, zufriedenem

Wachsein wechseln kann und relativ wenige Momente von Unwohlsein und Quengeln hat. Es ist eben sehr schnell durch äußere Eindrücke irritiert und findet dann nur schwer seine eigene Zufriedenheit und Ruhe wieder. Es kann vorerst selbst nichts dagegen tun. Es schreit sein Befinden heraus und braucht seine Eltern, die diese Hilferufe verstehen können.

Eine nicht geringe Anzahl von Säuglingen leidet in den ersten drei bis sechs Monaten unter diesen Unruhezuständen, bei denen neben dem Schreien auch Anzeichen von Unwohlsein und Quengeln die Eltern belasten. Ungefähr ein Viertel aller Eltern klagen über dieses extreme Schreien und Quengeln ihres Kindes. Es tritt also gar nicht so selten auf.

Was machen die Eltern normalerweise mit einem unruhigen Baby? Sie versuchen es zu beruhigen, indem sie es hochnehmen, herumtragen und schaukeln. Bei Babys ohne Besonderheiten in der Verhaltensregulation würde das auch meistens helfen. Das Baby hat sich mit Weinen und Quengeln bemerkbar gemacht, und Mutter oder Vater konnten es trösten und beruhigen. Es war auch nicht so schwer herauszufinden, was der Grund für das Schreien war. Es wurde gestillt, gefüttert oder gewindelt. Jemand beschäftigte sich mit dem Kind oder half ihm, wieder einzuschlafen.

Nicht so bei den Vielschreiern. Oft ist der Grund einfach nicht zu finden. Die Mutter weiß, dass es trocken ist, denn kurz zuvor hat sie das Baby gewindelt. Auch Hunger kann der Grund nicht sein, denn die letzte Mahlzeit ist erst zwanzig Minuten her. Verlassenheit kann es auch nicht sein, denn es ist ja jemand bei dem Kind. Müde wird es vielleicht sein, aber warum schläft es dann nicht endlich ein? Die Mutter tut ihr Bestes und schaukelt ihr Kind sehr intensiv auf dem Arm. Das Kind schreit weiter. Sie wechselt die Haltung und nimmt den so genannten Fliegergriff, der hat schon manchmal geholfen. Das Baby unterbricht ganz kurz sein Geschrei, aber dann geht es gleich weiter. Sie nimmt es wieder hoch und hält es in einer aufrechten Position an die Schulter gelehnt. Jetzt ist es ruhig, denn es kann sich ein wenig in der Gegend umschauen. Die Ruhe hält nur wenige Minuten, denn eigentlich ist das Kind ja müde, also wieder intensives Schaukeln im Fliegergriff, auf dem linken oder rechten Arm. Irgendwann, der Mutter ist es wie ein halbe Ewigkeit vorgekommen, ist das Kind endlich eingeschlafen. Sie traut sich aber jetzt nicht, das Kind in sein Bettchen zu legen, denn dann würde alles wieder von vorne beginnen. Sie sitzt erschöpft, vielleicht auch sehr traurig auf dem Sofa und wartet darauf, dass endlich der Vater nach Hause kommt. Dann muss er sich um das Kind kümmern und sie kann noch die vielen liegen gebliebenen Dinge im Haushalt erledigen.

Warum helfen dem Baby die Beruhigungsversuche seiner Mutter nicht oder nur nach vielen Versuchen? Es schleicht sich ein Teufelskreis ein. Solchen Babys fällt es sehr schwer, zur Ruhe zu kommen. Mutter oder Vater reagieren darauf mit einem häufigen und oft schnellen Wechsel der Körperhaltungen des Babys und schaukelnden Bewegungen. Hochnehmen, Hinlegen, Herumtragen im Fliegergriff, intensives Schaukeln oder andere Veränderungen erfolgen zu schnell und sie irritieren und überfordern das Baby. Sie überfordern das Baby umso mehr, je mehr Schwierigkeiten es mit sich selbst hat. Diese Schwierigkeiten in der Verhaltensregulation sind nun gerade aber ein typisches Merkmal von Babys, die extrem viel schreien. Hinzu kommt die zunehmende Anspannung von Mutter oder Vater, denn die Unruhe durch das Schreien überträgt sich ja auch auf sie. Vielleicht gehen ihnen Gedanken durch den Kopf wie: *„Ich mache so viel für dich, ich probiere ganz viel aus, ich* *nehme mir keine Zeit zum Essen oder Duschen und es hilft einfach nichts" oder „Ich bin keine gute Mutter, weil ich dich einfach nicht beruhigen kann. Bestimmt denken das auch meine Nachbarn und meine Freundinnen".*

Die Verzweiflung ist dann nicht nur in den Gedanken zu finden, sondern auch in der Mimik, in der Gestik und in der Körperhaltung. So wie das Baby im wachen Aufmerksamkeitszustand auf die mimischen, gestischen Signale und die Botschaften der Eltern reagiert und sich an diesen auch orientiert, reagiert es nun auch auf die Verunsicherung und Verzweiflung seiner Mutter oder seines Vaters. Das bedeutet, dass die Unruhe des Babys die Eltern beunruhigt und die Unruhe der Eltern das Baby weiter beunruhigt. Sie geraten in einen Teufelskreis.

Väter, die abends nach Hause kommen, sind manchmal nicht so angespannt vom Schreien ihres Kindes. Mit ihrer Körpersprache wirken sie beruhigender auf das Kind. Schlimmstenfalls ist dann die Mutter noch verzweifelter, weil ihr das Beruhigen nicht gelingt. Wenn der Vater dann wenig Verständnis für das Befinden seiner Frau hat, sind Enttäuschungen und Missverständnisse oft unausweichlich und die ohnehin angespannte Atmosphäre verschlechtert sich weiter.

Als ob Schreien allein nicht schon genug wäre – Auswirkungen auf den Alltag

Die besondere Schwierigkeit für die Eltern besteht darin, das richtige Maß an Unterstützung beim Einschlafen und beim Spielen zu finden. Aufgrund der Anspannung, die ein scheinbar nicht zu tröstendes Baby verursacht, machen die Eltern häufig zu viel. Bei den Beruhigungsversuchen sind das die vielen, schnellen Wechsel. Wenn das Kind kurz mal wach und aufmerksam ist, dann sind auch die Anregungen der Eltern oft für solch ein Kind zu viel. Damit es nicht gleich wieder losschreit, versuchen sie, ihr Kind irgendwie bei Laune zu halten. Sie nehmen oft Spielzeug, welches noch zu groß ist und das Kind überfordert. In ihren Bewegungen sind sie hektisch und angespannt. So kommt es, dass die ersten Anzeichen von Erschöpfung beim Kind nicht wahrgenommen oder auch falsch verstanden werden. Wenn das Kind kurz wegguckt, denkt die Mutter vielleicht, es könne sie nicht leiden. Sie sei sowieso eine schlechte Mutter, sonst würde es ja nicht so viel schreien. Sie will natürlich eine gute Mutter sein und spielt weiter mit ihrem Kind, das jetzt wieder intensiv anfängt zu schreien, denn es kann nicht mehr.

Aufgrund der großen Belastung kann es aber auch passieren, dass die Eltern zu erschöpft sind, um in den seltenen Momenten von Zufriedenheit und Aufmerksamkeit des Babys mit ihm zu spielen. Sie bemerken dann nicht, wenn ihr Kind wach und aufmerksam ist und haben am Ende den Eindruck, es würde nur schreien. Ihnen fällt auch wenig ein, was sie mit ihrem Kind machen könnten. Die Signale und Bedürfnisse des Kindes werden weniger bemerkt oder ignoriert und der spielerische Austausch wird seltener oder hört ganz auf. Der ganze Alltag dreht sich um das schreiende Kind und um die Vermeidung der nächsten Schreiphase. Die Suche nach der passenden Beruhigungsmöglichkeit ist für die Eltern sehr anstrengend. Müssen sie dann noch feststellen, dass ihre Beruhigungsversuche eigentlich nicht helfen, vielmehr, dass das Schreien ihres Kindes immer schlimmer wird, dann erleben sie intensive Gefühle von Hilflosigkeit, Verzweiflung, Ohnmacht und manchmal auch Wut. Gefühle der Wut verstärken wiederum ihre Schuldgefühle. Wut auf ein Baby darf man eigentlich nicht haben. Sie fühlen sich so ohnmächtig und hilflos. Sie fragen sich verzweifelt, warum gerade sie bei der Versorgung ihres Babys versagen? Alle anderen scheinen es doch zu können. Wenn Eltern ein Baby haben, das sehr viel schreit, dann werden sie ihre Hoffnungen und Wünsche, gute Eltern von einem zufriedenen, meistens schlafenden Kind zu sein, enttäuscht sehen. Diese Enttäuschung ist keine Kleinigkeit, denn sie kann mit sehr intensiven Gefühlen des Versagens und der Entmutigung verbunden sein.

Ein Baby, das über Wochen und Monate scheinbar grundlos schreit, bringt Eltern an den Rand ihrer Kräfte. Sie erleben eine extreme Erschöpfung. Wut und Erschöpfung können ein explosives Gefühlsgemisch eingehen. Wenn es für diesen „Gefühlsdampfkessel" kein passendes Ventil gibt, dann besteht die Gefahr, dass die Eltern die Kontrolle über ihre Handlungen verlieren. Aus Hilflosigkeit schütteln sie vielleicht ihr Baby und das kann tödliche Folgen für das Kind haben. Da es einen vergleichsweise großen und schweren Kopf hat, können die Blutgefäße, die den Kopf versorgen, reißen und das Kind kann in lebensbedrohliche Situationen geraten.

Fragt man betroffene Eltern direkt nach den Auswirkungen auf ihren gesamten Alltag, wenn sie mit einem Baby leben, das sehr, sehr viel schreit, dann wird schnell deutlich, wie intensiv die Situation durch das Baby geprägt wird. Außerdem stehen die Eltern, besonders die Mütter, oftmals recht alleine da mit all ihrer Ohnmacht und Hilflosigkeit. Sie trauen sich nicht, Freunde oder Verwandte zu besuchen, weil das Kind dann vielleicht wieder so schrecklich schreien könnte und weil die Kommentare der anderen wenig helfen oder sogar verletzend sind. Die folgende Schilderung ist typisch für das Erleben und das Lebensgefühl von Müttern, die mit dieser Situation konfrontiert sind.

Eine Mutter erzählt

Schon im Krankenhaus war unsere Tochter sehr unruhig und schrie ständig. Anfangs dachte ich, dass sie Hunger hat. Die Milch war ja noch nicht richtig in Gang gekommen. So entschloss ich mich schweren Herzens zuzufüttern. Zu Hause musste unsere Tochter komplett auf Fertignahrung umgestellt werden, und sie schrie fast den ganzen Tag. Die Kinderärztin sagte, es wären die Drei-Monats-Koliken und wir sollten die Milch wechseln. Gesagt – getan, doch die verordnete Milch vertrug sie nicht. Jetzt schrie sie nicht nur furchtbar viel, sondern fing auch noch zu spucken an. Eine weitere Nahrungsumstellung verbesserte zwar die Spuckerei, aber nicht die Schreierei. Meine Hauptbeschäftigung bestand darin, die Wärmflasche wieder warm zu machen, den Bauch zu massieren und unsere Tochter spazieren zu tragen. Ich hoffte, die drei Monate werden vergehen und dann wird es sich bessern. Ich war mit den Nerven am Ende.

Mittlerweile ist unsere Tochter fünf Monate alt und ich wundere mich, dass ich noch durchhalte. Die Kinderärztin sagt bei jedem Besuch, dass sie sich gut entwickelt und gesund ist. Das beruhigt mich für kurze Zeit, aber wenn ich dann wieder einige schwierige Tage hinter mir habe, denke ich, unsere Tochter muss doch irgendetwas haben. Warum kann mir keiner was Genaues sagen?

Zu Hause ist sie sehr nervös, schreit oft und lässt sich nur schwer wieder beruhigen. Am schlimmsten sind immer die Situationen, in denen sie von einer Sekunde zur nächsten einen kompletten Stimmungswechsel durchmacht – erst himmelhoch jauchzend, dann zu Tode betrübt. Sie möchte immer beschäftigt sein. Manchmal bin ich auch furchtbar wütend auf sie. Alles dreht sich nur um sie, ich komme kaum zum Essen oder dazu, mal etwas für mich

selbst zu tun. Dann wieder bin ich furchtbar erschrocken,
wie man so wütend auf ein so kleines Kind sein kann.

   Freunde und Bekannte schütteln nur die Köpfe, da sie so
etwas nicht kennen und ein solches Schreien von ihren
Kindern nicht gewohnt sind. So lasse ich Freundschaften
im Moment links liegen, weil ich mich schon gar nicht
mehr traue, jemanden zu besuchen oder jemanden einzu-
laden. Ich möchte mich endlich an unserem Baby richtig
freuen können, aber ich bin so sehr erschöpft.

Wenn die Eltern noch mit anderen Belastungen fertig werden müssen, die nicht unmittelbar mit dem Baby zu tun haben, wird es für sie umso schwerer sein, ihrem Baby zu helfen.

Die zusätzlichen Belastungen können mit der aktuellen Situation zusammenhängen. Mutter und Vater haben möglicherweise Probleme mit der neuen Arbeitsteilung, die sich durch die Geburt des Kindes ergeben hat. Vielleicht haben sie auch unterschiedliche Erziehungsvorstellungen und geraten darüber häufig in Streit. Nicht selten mischen sich die Großeltern in die Belange der jungen Familie auf eine Art und Weise ein, welche die Eltern, insbesondere die Mutter, zusätzlich verunsichern kann und möglicherweise Konflikte zwischen den Generationen hervorruft.

Arbeitsplatzsorgen können ebenfalls zu zusätzlichen Belastungen führen. Nicht selten haben Väter sehr lange Arbeitszeiten und arbeiten in Bereichen, die für die Bedürfnisse von Familien mit Säuglingen und kleinen Kindern kein Verständnis haben. Auf der anderen Seite führt Arbeitslosigkeit zu ökonomischen und psychischen Problemen, welche die nötige emotionale Gelassenheit der Eltern im Umgang mit ihrem Baby gefährden. Das Leben mit wenig Geld hat Auswirkungen auf die Wohnung, die den Eltern zur Verfügung steht. Wenn das Geld knapp ist, dann sind öffentliche Verkehrsmittel zu teuer, um vielleicht einen Babyschwimmkurs, das Mütterzentrum oder einfach eine Freundin zu besuchen.

4 Was können Eltern selber tun?

Die Beschreibungen im ersten und zweiten Kapitel enthielten bereits einige Hinweise für Eltern, wie sie ihrem Baby helfen können, sich in den ersten Tagen und Wochen gut zurecht zu finden. Ich will an dieser Stelle noch einmal kurz zusammenfassen, was sich aus dem Wissen über die Fähigkeiten und Bedürfnisse des Babys und seiner Eltern ableiten lässt. Dabei gelten die Vorschläge für alle Babys, ob sie nun viel oder wenig schreien. Auf die Besonderheiten der Schreibabys gehe ich im nächsten Abschnitt ein.

Im Abschnitt „Zwischen Schlafen und Schreien" war von den unterschiedlichen Verhaltenszuständen des Babys wie Schlafen, Wachen oder Quengeln die Rede, auch davon, dass die Babys immer besser zwischen den Verhaltenzuständen wechseln können, um sich der Umgebung zuzuwenden oder sich gut zu erholen. Eltern können sich und ihrem Baby helfen, wenn sie die Verhaltenzustände beobachten, unterscheiden lernen und herausfinden, welches die jeweils passende Reaktion ist. Wenn es wach ist, werden sie mit ihm Kontakt aufnehmen, es ansehen, anlächeln, ansprechen und bemerken, wie es antwortet. Wenn es müde und unruhig ist, werden sie ihr Kind berühren, seinen Daumen zum Mund führen oder behutsam nach anderen Beruhigungshilfen suchen.

In den ersten Monaten geben sie ihrem Kind oft die Gelegenheit, sie anzuschauen und auf sein Interesse an der weiteren Umgebung oder Spielzeug zu warten, bis es selbst so weit ist, wie im Abschnitt über das Wachsein beschrieben. Wenn Eltern sich unsicher sind, was sie wohl mit ihrem Kind machen können, dann können sie sich von seinen Aktivitäten und seinem Charme anstecken lassen und versuchen für diese Minuten ganz bei ihrem Kind zu sein. Im Abschnitt über die Bedeutung der elterlichen Fähigkeiten wurde darüber geschrieben. Die Eltern denken auch an sich selbst, obwohl ihr Baby sie so intensiv fordert, und sorgen dafür, dass sie sich nicht völlig verausgaben.

Für Schreikinder gelten diese Hinweise natürlich auch, aber alle Aktivitäten der Eltern müssen sparsam und behutsam eingesetzt werden, weil diese ja gerade sehr schnell von äußeren Eindrücken überfordert sind. Zunächst hilft vielleicht ein neues Verständnis für das Schreien ihres Kindes, worauf ich jetzt eingehen werde.

Das Schreien verstehen lernen

Wir wollen das Schreien und Quengeln nicht als eine Verhaltensweise verstehen, die sofort beendet werden soll. Schreien und Quengeln sind Botschaften des Kindes an seine Eltern und seine Umgebung, die entschlüsselt und verstanden werden wollen. Gelingt dieses Verstehen, dann entsteht die Chance für die Eltern und das Kind, statt des anstrengenden, risikoreichen Weges entspanntere und vergnüglichere Formen des Austausches zu entwickeln.

Schreien und Quengeln ist die Sprache eines an sich gesunden Babys, das damit seine besonderen Schwierigkeiten bei der Anpassung an die Zeit nach der Geburt ausdrückt. Auch wenn das ausdauernde Schreien des Babys für alle Beteiligten sehr anstrengend ist, könnte man es dennoch als eine erstaunliche Fähigkeit des Babys verstehen. Es sorgt mit seinem lauten Schreien dafür, dass wir auf seine besonderen Schwierigkeiten aufmerksam werden. Es ist nicht zu überhören, dass da etwas nicht stimmt. Insofern sind Babys, die viel schreien, starke Babys! In einer Zeit, die für die Bedürfnisse von Babys oftmals viel zu laut und hektisch ist, sorgen die Babys dafür, dass die Eltern auf ihr Tempo und ihre Bedürfnisse achten. Vielleicht könnte man sogar sagen, dass sie ihren Eltern und anderen mitteilen: *„Mit einem Baby zu leben, erfordert andere Fähigkeiten als im Beruf. Langsamer und weniger ist besser als viel und schnell!"*

Das Baby erinnert mit seinem Schreien daran, dass es auch besser ist, nicht alles allein schaffen zu wollen. Diese Bemerkungen sollen kein schwacher Trost für Eltern sein, der sowieso nicht hilft, wenn man so ein anstrengendes Baby gerade auf dem Arm hat und nicht mehr weiter weiß. Aber diese Ansicht von den starken und kompetenten Babys kann vielleicht zu einer anderen Haltung gegenüber dem eigenen Kind führen.

Was können Eltern tun, um ihrem anstrengenden Kind zu helfen, erholsam zu schlafen, wach und aufmerksam seine Umgebung zu erkunden, und selbst diese anstrengende Zeit gut zu überstehen?

Im direkten Kontakt mit dem Kind gibt es zwei Wege, die beide wichtig sind. Beginnen wir zuerst mit dem Wachsein und widmen uns dann dem Schlafen. Das mag verwunderlich sein, wo doch bereits gesagt wurde, dass es den so sehr viel schreienden Babys häufig an ausreichendem Schlaf fehlt. Man kann jedoch den Schlaf nicht befehlen oder selbst herbeiführen. Das Ein- und Durchschlafen muss dem Kind selbst gelingen. Es gibt Situationen im Leben, erst recht mit Kindern, in denen es durchaus sinnvoll ist, das gewünschte Ziel auf indirektem Wege zu erreichen. Gerade beim Schlafen kennt man diese Situation auch als Erwachsener. Je mehr man sich bemüht, jetzt endlich einzuschlafen, desto mehr wälzt man sich in seinem Bett herum und wird immer ärgerlicher und kann doch nicht einschlafen. In einer solchen Situation ist es dann oft besser, etwas ganz anderes zu tun, zum Beispiel ein Buch zu lesen.

Gemeinsame Beschäftigung in den Wachzeiten

Eine gute Möglichkeit, Babys zu helfen, weniger zu schreien und ausgeglichener zu werden, bezieht sich auf ihre vorerst noch kurzen Wachzeiten, auch wenn das scheinbar gar nichts mit dem Schlafen zu tun hat. Kleine Umwege helfen oft! Wie kann man die Wachzeiten von erst wenigen Wochen alten Kindern nutzen? Wenn das Baby wach und zufrieden ist, was häufig nach dem Aufwachen oder dem Füttern der Fall ist, dann möchte es etwas über seine Umgebung erfahren und seine Fähigkeiten nutzen. Dazu benötigt es aufmerksame Erwachsene, die es wahrnehmen und sich ihm zuwenden. Das Baby möchte seine Mutter oder seinen Vater anschauen, sie anlächeln und mit ihnen reden. Es würde sich auch über andere nette Personen freuen. Wichtig ist, dass es ein überschaubarer Kreis von Personen bleibt, die wirklich zugewandt und freundlich sind.

Im ersten Kapitel haben wir erfahren, dass Fähigkeiten beim Kind und bei den Eltern oder anderen Erwachsenen vorhanden sind, die auf wunderbare Weise zusammenpassen und auf das Baby Rücksicht nehmen. Das Baby braucht die Nähe seiner Eltern. Es möchte seine Eltern sehen und hören, um in ihrem Gesicht lesen zu können und an ihrer Stimme zu erkennen, in welcher Stimmung sich Mutter oder Vater befinden.

Im Alter bis etwa vier oder fünf Monate sind das Gesicht und die Stimme von Mama, Papa oder anderen zugewandten Personen das beste Spielzeug. Für ein Baby gibt es bis dahin kein besseres. Das Baby hat Spaß daran, wenn man es beobachtet, es nachahmt, anlächelt und mit ihm redet. Dann wird es seinen Eltern zeigen, was es möchte. Die intuitiven Fähigkeiten der Eltern helfen auch hierbei, das Richtige zu tun. Ein einfühlsames Beobachten der Fähigkeiten des Babys und seiner Reaktion sowie die behutsamen Anregungen und das Beruhigen werden sie dabei unterstützen.

Gerade bei den schnell irritierten Babys, die auf ihre Überforderung durch das Schreien aufmerksam machen, müssen diese Anregungen besonders sparsam und wohldosiert gegeben werden. Eine Hilfe für die Eltern kann sein, genau zu beobachten, ob schon ein gleichzeitiges Anschauen, Sprechen und Berühren ihr Kind überfordert. Vielleicht finden sie heraus, ob ihr Kind sein Gleichgewicht besser beibehalten kann, wenn es im Wachsein nur angesprochen oder nur berührt wird. *Weniger ist mehr!*

Wenn Eltern unsicher sind, wie sie sich mit ihrem Kind beschäftigen können, dann sollten sie sich von ihrem Kind leiten lassen. Wenn sie sich zum Beispiel beim Windeln Zeit nehmen können, so ist das eine gute Gelegenheit damit anzufangen. Die meisten Kinder, und gerade auch die Schreihälse, mögen es, nackt auf dem Wickeltisch herumzustrampeln.

Was wird passieren? Das Kind schaut sehr aufmerksam seine Mutter an. Sobald sie es mit hochgezogenen Augenbrauen, großen Augen und einem geöffneten Mund freundlich anspricht, wird es lächeln, seine Stimme benutzen und Arme und Beine in Bewegung setzen. Die Mutter antwortet prompt und zieht das Kind dabei aus. Wenn die Mutter dabei zu lange schweigt, dann versucht das Kind mit einer Äußerung, sie wieder zum Reden zu bewegen. Wieder antwortet die Mutter und jetzt kann sie das Kind auch angucken. Vielleicht war das dem Kind aber schon zu viel, gleichzeitig Stimme und Gesicht von der Mutter in einer so aufregenden Situation wahrzunehmen und es guckt ganz kurz zur Seite. Die Mutter wartet, bis es sich ihr wieder zuwendet und sie anlächelt. Dann sagt sie etwas und hält dabei die Arme des Kindes an den Schultern fest, damit es nicht aus dem Gleichgewicht gerät. Jetzt gibt es ein kleines Zwiegespräch, bei dem die Mutter die Laute des Kindes und vielleicht auch seine Mimik nachahmt. Sie spricht mit dem Kind und variiert ihre Lautstärke. Wenn sie flüstert, erweckt das die Aufmerksamkeit des Kindes. Das ist erkennbar an seinem Blick und am Innehalten der Bewegungen. Sie lässt dem Kind auch Pausen zum Antworten und redet nicht ununterbrochen. Dann wird sie ein wenig lauter und beginnt vielleicht noch, die Arme des Kindes zu bewegen. Wieder guckt es weg, denn mehrere Dinge gleichzeitig zu machen, ist ihm im Moment schon zu viel. Jetzt spürt die Mutter auch, dass das Kind genug hat. Ihre Stimme bekommt einen beruhigenden Klang und sie beginnt ihr Kind wieder anzuziehen, damit es noch fertig wird, bevor es eine größere Ruhepause braucht. Das ganze Spiel hat vielleicht fünf Minuten gedauert. Intuitiv hat sich die Mutter am Blick, der Stimme und der Bewegung des Kindes orientiert und ihre Handlungen darauf abgestimmt. Auch ein Vater wäre in ähnlicher Weise vorgegangen.

Der gemeinsame Austausch nutzt den Eltern und dem Baby in doppelter Hinsicht: Das Baby wird durch diese gemeinsamen Erfahrungen ausgeglichener. Eine zunehmende Ausgeglichenheit hilft ihm, die Schwierigkeiten beim Einschlafen besser zu überwinden. Die Eltern erleben diese Momente der Gemeinsamkeit als eine Belohnung oder gar Wiedergutmachung für die schwierigen Momente. Sie sagen dann zum Beispiel: *„Wenn sie so*

*lächelt, dann haben wir alles vergessen und neue Kraft
bekommen".*

◆ Kleine Spielchen

Wenn die Kinder größer sind, etwa ab dem vierten oder
fünften Monat, dann mögen sie so genannte Guckguck-
Versteck-Spiele: Der Vater legt zum Beispiel dem Kind
ein Tuch über den Kopf und sucht es scheinbar. Zieht er
ihm das Tuch wieder weg, freut er sich mit seinem Kind,
dass es wieder da ist. Beide begleiten ihr Spiel mit lauten
fröhlichen Worten und Gebärden. Mit einem Lächeln
oder einem fröhlichen Glucksen fordert das Kind zur Wie-
derholung auf. Solche Spiele haben etwa immer den gleichen Ablauf, auf den das Kind sich einstellt. Nach mehreren Wiederholungen der einzelnen Spielhandlungen
wird das Kind sie auch erwarten. Diese kleinen Spielchen
ergeben sich meist spontan. Mütter und Väter sind recht
erfindungsreich und fühlen sich durch die fröhlichen
Reaktionen ihres Kindes zu neuen Ideen angeregt.
  Die Ausdauer für solche rhythmische Spielchen
nimmt mit dem Alter zu. Die Kleinen sind mit wenigen
Minuten zufrieden und die Größeren haben manchmal
mehr Ausdauer, als die Eltern Zeit und Geduld haben.
Hierbei sind die individuellen Unterschiede sehr groß,
und die Eltern werden bei ihrem Kind erkennen lernen,
woran sie seine Zeichen von Ermüdung feststellen können. Kleine Babys zeigen ihre Ermüdung durch Weggucken, durch eine zunehmende Unruhe und eben auch
durch Quengeln und Schreien. Dann wird es Zeit, die
Intensität des Spieles zu reduzieren oder ganz damit
aufzuhören, um dem Baby die notwendige Gelegenheit
für eine Pause zu lassen. Eltern können sich auch hier
auf ihre intuitiven Fähigkeiten verlassen. Wenn sie ihr

Baby beobachten, dann werden sie seine Anzeichen von Müdigkeit erkennen und richtig darauf reagieren. Wenn ihr Baby erschöpft ist, werden sie intuitiv ihrer Stimme eine beruhigende Melodie geben und ebenso beruhigende Bewegungen mit den Händen machen. Sie werden dann vielleicht ihr Baby in Ruhe lassen und in seiner Nähe bleiben.

Eltern fällt es nicht immer leicht, sich auf die gemeinsamen Momente und Spielchen einzulassen. Gerade wenn es mal wach und zufrieden ist, nutzen die Eltern verständlicherweise die so sehr ersehnte Ruhe zum Beispiel für Hausarbeiten. Viele denken auch, das Baby soll sich im Wachsein selbst beschäftigen. Doch für eine ausschließliche Selbstbeschäftigung ist das Baby noch zu klein, wie wir im ersten Kapitel gesehen haben. Das gemeinsame Erleben der zufriedenen Wachzeiten des Kindes hilft gerade den Vielschreiern, sich allmählich leichter zurecht zu finden, wenn die Anregungen seinen Fähigkeiten entsprechend gut dosiert werden. Allen Babys hilft die gemeinsame Beschäftigung, ihre Fähigkeiten für ihre eigene Entwicklung zu nutzen und später auch alleine spielen zu können.

Wenn Eltern nur auf ihr Baby reagieren, wenn es unüberhörbar schreit und kaum oder gar nicht reagieren, wenn es wach, zufrieden und neugierig ist, dann macht das Baby eine wichtige Erfahrung: *„Zu mir kommt nur jemand, wenn ich ganz laut bin. Wenn ich ruhig bin, kommt kaum einer. Aber ich möchte doch sehr gerne jemanden sehen und mit ihm reden und spielen. Damit überhaupt jemand kommt, muss ich also wieder schreien. Meistens ist meine Mutter oder mein Vater dann ärgerlich auf mich. Das ist nicht schön für mich, aber immer noch besser als ganz allein zu sein“.*

Wenn die Schwierigkeiten in der Verhaltensregulation allmählich geringer werden, kann das Kind aufgrund der eben geschilderten Erfahrung sein Schreien dennoch intensiv beibehalten. Viele Missverständnisse zwischen dem Kind und seinen Eltern, im zweiten Halbjahr und später, können mit der grundlegenden Erfahrung des Kindes zusammenhängen, dass die Eltern nur kommen, wenn es quengelt, schreit oder Unsinn macht. Wenn es leise ist und spielt, dann machen die Erwachsenen ihre eigenen Sachen. Natürlich wird ein Kind auch mal alleine spielen wollen und müssen. Um das zu können, braucht es jedoch die Erfahrung vom gemeinsamen Spiel. Ein gemeinsames Spiel ist den meisten Kinder auch viel lieber, denn das macht eigentlich am meisten Spaß.

Hilfen zum Einschlafen

Den Babys, die viel schreien, fällt es schwer, genügend zu schlafen. Häufig wird bei ihnen deutlich, dass sie zu wenig schlafen und dass das Schreien zum Teil durch den Mangel an Schlaf aufrechterhalten wird. Diese Kinder finden von sich aus schwer in den Schlaf. Hinzu kommt, dass ihre verzweifelten Eltern oft in sehr kurzer Zeit ihre Beruhigungsversuche wechseln. Sie hoffen, dass irgendetwas doch helfen muss, ihr Kind zu beruhigen. Vielleicht haben sie ja nur noch nicht das Richtige gefunden, und sie suchen weiter.

Ein- und Durchschlafen muss das Kind jedoch selbst erlernen. Babys, die viel schreien, brauchen dabei eine wohldosierte Unterstützung. Manche Schwierigkeiten mit dem Schlafen beruhen auch auf falschen Annahmen der Eltern. Über den Schlaf des Babys etwas besser Bescheid zu wissen, kann helfen, mit den Schwierigkeiten gelassener umzugehen und das richtige Maß an Hilfen zu finden – eben nicht zu viel und nicht zu wenig.

◆ Schlafen – einfach und schwer zugleich

Der Schlaf des Menschen, der Erwachsenen wie der Kinder, enthält noch viele Rätsel. Er macht einen großen Teil unserer Lebenszeit aus. Er ist von unterschiedlicher Tiefe innerhalb einer Nacht, und er verändert sich von der Geburt bis in das Alter hinein. Babys haben einen anderen Schlafzyklus als Kleinkinder. Ältere Kinder und Erwachsene im jungen und mittleren Erwachsenenalter schlafen wiederum anders als ältere Menschen.

Wenn man die Schlafentwicklung beschreiben will, so kann man Schlafzyklen und Schlafrhythmen unterscheiden. Unter einem Schlafzyklus versteht man den regelmäßigen Wechsel zwischen einem oberflächlichen und einem tiefen Schlaf, der von einem teilweisen Erwachen begleitet sein kann. Säuglinge in den ersten Lebenswochen haben einen Schlafzyklus von ungefähr 50 Minuten. So ist es nicht verwunderlich, wenn sie, aufgrund der Kürze des Schlafzyklus, etwa stündlich aufwachen. Wenn das Baby in seinem Bettchen liegt, so wird man das Aufwachen nicht immer bemerken und glauben, dass das Kind schon mehrere Stunden durchschläft.

Aufgrund der weiteren Entwicklung des Gehirns verändert sich der Schlafzyklus etwa bis zum dritten Lebensmonat. Das Kind entwickelt dann die Fähigkeit, längere Zeit am Stück zu schlafen. Wiederum sind die Unterschiede zwischen den einzelnen Kindern recht groß. Gerade die Kinder, die sehr viel schreien, scheinen für die Entwicklung eines längeren Schlafzyklus mehr Zeit zu brauchen als die ausgeglicheneren Kinder.

Während der ersten Lebenswochen verändert sich nicht nur der Schlafzyklus des Kindes, sondern auch der so genannte cirkadiane Rhythmus. Cirkadianer Rhythmus lässt sich übersetzen mit ungefährer Tagesrhythmus und bedeutet, dass unser Schlaf-Wach-Rhythmus einen ungefähren Tagesrhythmus hat, der sich wiederum bei den einzelnen Personen erheblich unterscheiden kann. Jeder kennt in seinem Bekanntenkreis bestimmt Personen, die früh nicht aus dem Bett kommen, dafür aber bis spät abends munter sind, und die Personen, die gerne früh aufstehen, dafür aber abends nicht so lange durchhalten können. Die Lerchen und die Nachtigallen haben eben einen unterschiedlichen cirkadianen Rhythmus. Das Baby kommt mit einem kaum ausgeprägten cirkadianen Rhythmus auf die Welt, der noch dazu von unserem 24-Stunden-Rhythmus um etwa eine Stunde abweicht, also ein 25-Stunden-Rhythmus ist. Neben den vielen anderen Anpassungsaufgaben muss es sich in seinen ersten Lebenswochen nun auch dem 24-Stunden-Rhythmus anpassen. Die Anpassung an den vorherrschenden 24-Stunden-Rhythmus ist abhängig von inneren und äußeren Zeitgebern. Die inneren Zeitgeber sind angeboren, und die äußeren Zeitgeber werden durch die Eltern, ihre Lebensgewohnheiten und den natürlichen Wechsel von Tag und Nacht bestimmt.

Wie vollzieht sich die Anpassung an den Tag-und-Nacht-Wechsel? Wie können Eltern diesen Anpassungsvorgang unterstützen, so dass der Schlaf ihres Kindes allmählich in ihren Alltag passt? In den ersten zwei Lebenswochen lässt sich beim Kind eine ungefähre Gleichverteilung der Schlaf- und Wachzeiten beobachten. Es schläft etwa zwei bis vier Stunden, unterbrochen von kurzen Wachzeiten, die hauptsächlich der Nahrungsaufnahme dienen. Die allmähliche Anpassung an den Tag-Nacht-Rhythmus wird durch die äußeren Zeitgeber unterstützt. Das Kind nimmt die Unterschiede zwischen Tag und Nacht wahr. Das Tageslicht wechselt mit der nächtlichen Dunkelheit. Der Tag hat andere Geräusche als die Nacht, und die Eltern verhalten sich am Tage anders als in der Nacht. Ihre Verhaltensweisen zeigen einen bestimmten Wechsel, der sich jeden Tag zu wiederholen scheint. Vielleicht gibt es auch deutlich wahrnehmbare Temperaturunterschiede und die Bekleidung ändert sich.

Manche Kinder scheinen von sich aus einen klaren Rhythmus auszubilden, weil sie aufgrund ihrer inneren Zeitgeber dafür eine deutlicher ausgeprägte Fähigkeit haben. Die Mehrzahl der Kinder und insbesondere die Vielschreier wären jedoch überfordert, wenn man ihnen die Entwicklung eines Rhythmuses allein überlässt. Sie benötigen bei der Ausbildung eines Rhythmuses klare und verlässliche äußere Zeitgeber. Wie alle Lebewesen haben sie trotz geringerer Fähigkeiten das Bedürfnis nach wiederholbaren und vorhersagbaren Abläufen im Alltag. Eltern können dabei helfen, indem sie ihrem Kind einen regelmäßigen Tagesablauf anbieten und dafür sorgen, dass das Einschlafen und das Aufwachen zu etwa immer der gleichen Zeit stattfinden kann. Viele Eltern bemerken, dass ihr Kind sich allmählich besser auf einen Tagesrhythmus einstellen kann. Intuitiv orientieren sie sich an diesen Veränderungen, indem sie etwa ab dem dritten Monat versuchen, einen ungefähren Rhythmus in den Alltag mit dem Kind einzuführen.

Große Unsicherheit herrscht oft bei der Frage nach der notwendigen Dauer des Schlafes bei einem Baby oder Kleinkind. Auch wenn es vielleicht enttäuschend ist, aber wie viel Schlaf ein Kind braucht, kann keiner genau sagen. Es gibt ungefähre Richtwerte, doch man beobachtet bei einzelnen Kindern deutliche Abweichungen von diesen Richtwerten. Es gibt in jedem Alter Kinder, die sehr viel mehr schlafen und Kinder, die sehr viel weniger schlafen. Die Schlafdauer gehört genauso wie die Schlaf-Wach-Zyklen und der cirkadiane Rhythmus zu den vererbten Eigenschaften des Menschen, so wie auch seine Augen- oder Haarfarbe. Ob ein Kind genügend schläft, lässt sich am ehesten an seinem Verhalten ablesen. Wenn es in seinen Wachzeiten überwiegend zufrieden der Umgebung zugewandt ist, dann wird es genügend geschlafen haben. Es kann nicht mehr schlafen, als es seinem Schlafbedürfnis entspricht. Ein Baby oder Kleinkind kann in den ersten Monaten bis in das zweite Lebensjahr nicht mehr als 6–8 Stunden zusammenhängend schlafen. 12 Stunden durchzuschlafen ist für dieses Alter eine unrealistische Erwartung.

◆ Beruhigen und in den Schlaf begleiten

Wenn Eltern feststellen, dass ihr Kind wahrscheinlich zu den Kindern gehört, die viel schreien, sich nur schwer beruhigen lassen und schlecht in den Schlaf finden, dann wäre es gut, von ihren vielen Beruhigungsversuchen diejenigen auszuwählen, die im Vergleich mit den anderen ein bisschen öfter geholfen haben. Statt eines häufigen kurzen Wechsels von vielen unterschiedlichen Beruhigungsversuchen, ist eine Beschränkung auf wenige, gleich bleibende Beruhigungsversuche für die Mutter oder den Vater und das Kind hilfreich. Mutter oder Vater geraten nicht so sehr unter Druck, ständig etwas neues ausprobieren zu müssen. Sie erleben weniger ein Wechselbad ihrer Gefühle von Hoffnung, dass die nächste Methode bestimmt klappen wird, und der anschließenden Enttäuschung, dass es wieder nichts geworden ist. Man könnte diese Begrenzung wieder mit dem Satz „Weniger ist mehr!" überschreiben. Den extrem viel schreienden Babys ist eben oft alles zu viel, und die Eltern verschlimmern unabsichtlich aus ihrer Hilflosigkeit heraus die Situation, indem sie häufig auch noch zu viel gleichzeitig oder in schnellem Wechsel anbieten. Der ausbleibende Erfolg verführt sie dazu, immer mehr zu unternehmen, bis sie völlig verzweifelt und erschöpft sind.

Natürlich ist die Auswahl der für das Kind passenden Methode nicht leicht. Entlastend kann die Erlaubnis für die Eltern, besonders für die Mütter, sein, es sich in den ersten Lebensmonaten selbst so bequem wie möglich zu machen und zum Beispiel zu schlafen, wenn das Kind schläft. Sie könnten sich auch fragen: *„Ist das intensive Schaukeln wirklich beruhigend für mein Kind und auch für mich angenehm oder komme ich mit einfacheren Mitteln zum gleichen Ergebnis? Wenn mein Kind intensive Bewegungen beim Einschlafen braucht, kann ich sie vielleicht allmählich verringern, damit es für mich weniger anstrengend ist."*

Gar nicht selten behalten Eltern ihre recht intensiven Beruhigungsversuche aus Angst vor dem nächsten Schreien bei und bemerken dann nicht, dass ihr Kind mit weniger auskommen würde. Auch wenn es manchmal nicht so aussieht oder eben länger dauert, so entwickelt sich die Fähigkeit des Kindes, besser ein- und durchzuschlafen, doch weiter.

Doch zurück zur Auswahl der passenden Beruhigungsmethode: Wichtig hierbei ist, dass Eltern eine Entscheidung darüber treffen, wie sie ihr Kind beruhigen wollen. Bei ihrer Wahl ist wichtig, dass sie sich selbst auch noch wohlfühlen können bzw. ihre eigenen Kräfte nicht völlig aufgezehrt werden. Ein bisschen Zeit zum Auswählen und Ausprobieren, zumal, wenn es das erste Kind ist, sollten sich die Eltern auch gönnen. Wenn ihr Kind erst wenige Wochen alt ist, dann können die Eltern durch ihre Aktivitäten wie Herumtragen oder Schaukeln das Kind in den Schlaf wiegen. Diese Aktivitäten sollten so gewählt werden, dass sie nicht zu einer dauernden Überforderung der Mutter oder des Vaters führen. Wenn zum Beispiel das Herumtragen oder das Sitzen in einer unbequemen

Position zwar das Kind beruhigt, aber die Mutter sich einen verspannten, schmerzenden Rücken einhandelt, dann wird es Zeit, eine Beruhigungsmöglichkeit zu finden, die nicht zu solchen Verspannungen führt. Auch das Kind wird diese Verspannung spüren und dadurch irritiert sein. Die Mutter kann beschließen, sich mit ihrem Kind in den ersten Wochen hinzulegen, weil sie die Ruhe und Zeit dafür hat, weil es ihr Spaß macht oder weil sie sich auf diese Weise auch gut erholen kann. Wenn sie aber diese Methode gewählt hat und dann feststellen muss, dass sie selbst keine Ruhe dabei finden kann, weil der Haushalt wartet oder sie ein schlechtes Gewissen gegenüber ihrem Partner oder den Geschwisterkindern hat, dann werden weder sie noch ihr Baby etwas von den gemeinsamen Ruhestunden haben. Dann passt die gewählte Methode nicht zu ihrer familiären Situation, und sie gerät unter Druck, der dem Baby, falls es viel schreit, zusätzlich zu schaffen macht.

Sie könnte stattdessen sagen, ihr Kind soll allein schlafen lernen, und sie kann es durch ihre Anwesenheit mit Streicheln oder Reden beim Einschlafen unterstützen. Sie kann ihm auch helfen, seinen eigenen Daumen zu finden und ihn vorsichtig in seinen Mund schieben. Eine andere Möglichkeit wäre das Zusammenführen der Händchen, so als ob es sich selbst festhalten kann. Ganz kleinen Babys hilft es auch manchmal besser einzuschlafen, indem man sie fest in ein Tuch einwickelt. Die Art der Unterstützung könnte vielleicht auch ein anderer, die Oma, der Partner oder ein größeres Geschwisterkind übernehmen. Das Kind soll seine eigenen Fähigkeiten, in den Schlaf zu finden, möglichst bald nutzen können.

Je mehr die Eltern ihr Kind durch ihre eigenen Aktivitäten beim Einschlafen unterstützen wollen, desto mehr muss dafür auch der Freiraum in der Familie vorhanden sein. Die Art der gewählten Unterstützung hängt vom

Kind und von der familiären Situation ab. Wenn es das erste Kind ist, kann man anders verfahren, als wenn noch ein oder mehrere Kinder versorgt werden müssen.

Häufig wird von den Eltern die Befürchtung geäußert, sie könnten ihr Kind verwöhnen, wenn sie immer gleich reagieren.

Was ist dazu zu sagen? Aufgrund der geistigen Entwicklung des Kindes ist das in den ersten Monaten nicht möglich. Eine sofortige Reaktion auf seine Bedürfnisäußerung vermittelt ihm stattdessen die Sicherheit, die es zur Entwicklung seines Selbstvertrauens benötigt. Wenn das Baby erfährt, dass immer jemand gleich kommen kann, wenn es ihm nicht gut geht, dann kann es später auch ein wenig warten. Es vertraut darauf, dass jemand kommen wird, denn seine Eltern haben ihm das in den letzten Wochen oft genug bewiesen. Wenn es dann etwas größer ist, wird es nur ein wenig weinen und kann dann einen Moment warten, weil es ja weiß, dass jemand kommen wird. In dieser Zeit kann es Erfahrungen machen, sich selbst zu helfen und wieder in den Schlaf zu finden. Es findet seinen Daumen oder ein Tuch oder etwas anderes, was ihm beim Einschlafen hilft. Für die Eltern bedeutet diese Entwicklung auch, dass sie in den ersten Tagen und Wochen nicht zögern sollten, zu reagieren, auch wenn es, zumeist für die Mutter, ziemlich anstrengend ist. In den ersten Wochen muss es aber nicht immer die Mutter sein. Das Baby ist auch mit anderen aus der Familie zufrieden, wenn sie sich ihm freundlich zuwenden.

Wann es so weit ist, mit der eigenen Reaktion ein wenig zu warten, werden sie erspüren und behutsam ausprobieren. Es ist also nicht so, dass man bei einer sofortigen Reaktion auf das Signal eines kleinen Babys befürchten muss, ein Kind zu erziehen, dass nie warten kann. Das Gegenteil ist der Fall.

Mit zunehmendem Alter des Kindes können die Einschlafhilfen reduziert werden. Das Kind macht eigene Erfahrungen mit dem Einschlafen und lernt seine Möglichkeiten kennen, wie zum Beispiel an einem Taschentuchzipfel zu saugen, sich tief ins Kissen zu wühlen oder einen Teddy festzuhalten. Schlaf ist etwas, was es selber machen muss!

Egal wie sich die Eltern entscheiden, sie müssen sich bei ihrer Methode wohl fühlen. Ihre Verhaltensweisen müssen zu ihnen passen und nicht zu den Vorstellungen und Ratschlägen anderer, die es zwar gut meinen, aber nicht täglich und stündlich mit dem Kind zu tun haben. Wenn die Methode zu ihnen passt, dann werden sie wahrscheinlich auch ein größeres Gefühl von Sicherheit entwickeln können, und das wiederum unterstützt ihr Kind beim Erlernen des Ein- und Durchschlafens.

Schreibabys verführen ihre Eltern, ganz viel zu machen, und geraten dadurch in noch größere Unruhe. Sie brauchen aber Beruhigungs- und Einschlafhilfen, die trotz der großen Intensität des Schreiens sparsam sein müssen. Auch wenn die Eltern nicht gleich Erfolg haben mit ihrer gewählten Methode oder ihre Bemühungen nur manchmal helfen, so ist es für das Kind hilfreich, mit der etwa immer gleichen Art und Weise zum Schlafen „eingeladen" zu werden. Da es aufgrund seiner angeborenen Fähigkeiten Zusammenhänge zwischen seinem Verhalten und den Reaktionen seiner Eltern erkennen kann, wird das immer wieder auftretende Verhalten der Eltern eine Signalwirkung haben: *„Das kommt mir bekannt vor. Jetzt werde ich müde und ruhig. Mamas Körperhaltung oder die Art, wie sie redet, hilft mir, zur Ruhe zu kommen".*

In der Beratung verwende ich manchmal das Bild von der „Schallplatte mit Sprung". Damit meine ich, dass gerade bei Kindern mit Einschränkungen ihrer Schlaf-

Wach-Regulation immer wieder das Gleiche, langsam und eintönig wiederholt, eher hilft als ein ständiger Wechsel der Körperhaltungen und Beruhigungsversuche. In der Beratung gehört es mit zu den ergreifendsten Momenten, wenn Eltern mit Hilfe der Beraterin bei einer Form des Beruhigens so lange bleiben können, bis ihr gerade noch heftig schreiendes Baby eingeschlafen ist. Meistens wird das Kind in seinen Autokindersitz, in seinen Wagen oder auf eine Decke gelegt. Wir probieren aus, ob es mit sanftem Schaukeln und der beruhigenden Stimme von Mutter oder Vater auskommt. Vielleicht reicht das Schaukeln oder die Stimme. Vielleicht ist das Schaukeln schon zu viel gewesen und das Berühren der Schulter oder des Bauches reicht auch schon aus. Für die Eltern ist es wie ein kleines Wunder, wenn sie ihrem Kind mit viel weniger Aufwand als zu Hause beim Einschlafen helfen konnten.

Für sich selber sorgen

Die eine oder andere Art, das Kind beim Einschlafen zu unterstützen, braucht Geduld und Gelassenheit, die selbst die entspanntesten Eltern nicht immer aufbringen können. Da gibt es vielleicht noch Geschwisterkinder, die versorgt werden müssen, oder andere wichtige Aufgaben. Wenn Babys sehr viel schreien, dann haben sie sehr viel Kraft. Und sie fordern ihren Eltern viel Kraft und Energie ab. Vielschreier brauchen starke Eltern. Aber wie kann es ihnen gelingen, diese Stärke beizubehalten oder auch wiederzugewinnen?

Viele Mütter von solchen Babys beklagen, dass sie zu nichts kommen. Auch der Schlaf kommt zu kurz. Ihre Kräfte sind nach wenigen Wochen fast aufgebraucht und es ist im Nachhinein erstaunlich, wie sie das überhaupt alles schaffen konnten. Spätestens dann ist es Zeit, auch etwas für sich zu tun und andere in die Betreuung mit einzubeziehen. Um andere mit einzubeziehen, müssen die Mütter, aber auch die Väter, überzeugt davon sein, dass es okay ist, um Hilfe zu bitten. Die Begleitung und Erziehung von Kindern kann eine schwierige Aufgabe sein, die viel Kraft kostet und die man nicht alleine bewältigen muss. *„Es braucht ein ganzes Dorf, um ein Kind großzuziehen"*, sagt eine afrikanische Weisheit. Wenn die Eltern, insbesondere die Mütter, in dieser anstrengenden Situation auch für sich selbst sorgen können und die Arbeit mit anderen teilen, dann wird es ihnen leichter fallen, die notwendige Geduld und Gelassenheit aufzubringen und mit ihren eigenen Kräften hauszuhalten.

Häufig hilft reden, wenn jemand da ist, der zuhören kann. Insbesondere die Mutter, die über Tage oft mit ihrem Kind allein ist, kann in einem Gespräch Sicherheit und Vertrauen gewinnen. Durch die Entlastung, die man in einem Gespräch erfahren kann, gewinnen die Eltern wieder Zuversicht und Selbstvertrauen in ihre eigenen Fähigkeiten als Eltern. Selbstvertrauen und Selbstsicherheit sind mit die wichtigsten Eigenschaften, die Eltern brauchen, um auch mit schwierigen Situationen fertig zu werden. Gut ist es, wenn die Gesprächspartner in erster Linie Zuhörer sein können und die Eltern nicht bevormunden oder ihnen den Eindruck geben, alles falsch gemacht zu haben. Alle Eltern machen es so gut, wie sie es eben können. Es gibt immer etwas, wenn es auch noch so wenig ist, was sie richtig machen! Hilfreiche Gesprächspartner werden das sehen können und mit den Eltern darüber reden.

Natürlich können Eltern auch um praktische Hilfe bitten: Großeltern, die Freundin oder der Babysitter fahren das Kind spazieren, damit die Mutter sich ausruhen kann.

Sie können Aufgaben im Haushalt übernehmen. Oft fällt es den Müttern schwer, solche Hilfe in Anspruch zu nehmen. Sie glauben, dass sie eigentlich genügend Zeit und Kraft für die ganze Hausarbeit haben müssten. Aber ein Baby zu betreuen ist eigentlich ein 24-Stunden-Job. Und wenn es dann noch ein Baby ist, das sich in den ersten Wochen nur schlecht zurechtfindet, dann werden sie schnell spüren, dass es ein harter 24-Stunden-Job ist.

Eltern helfen sich ebenfalls selbst, wenn sie daran denken, ihre eigenen Bedürfnisse zu berücksichtigen und mit denen ihres Kindes in Einklang zu bringen. Dazu gehört auch, nicht zu vergessen, dass trotz anstrengender Elternschaft Mutter und Vater noch ein Paar sind. Gerade in der ersten Zeit mit einem Baby erleben sie sich nur als Eltern und manche Kraftquelle versiegt und gegenseitige Enttäuschungen sind unausweichlich.

5 Hilfe durch Beratung

Ermutigung zur Beratung

Ein extrem viel schreiendes Baby und unsichere, erschöpfte Eltern mit zusätzlichen weiteren Belastungen geraten häufig in einen Teufelskreis. Denkt man an das zitierte afrikanische Sprichwort, dass *„es ein ganzes Dorf braucht, um ein Kind großzuziehen"*, so sollte es eigentlich selbstverständlich sein, dass Eltern mit Kindern in dieser Situation spezielle Hilfen von anderen angeboten bekommen. Das bedeutet, dass es Möglichkeiten der Unterstützung geben muss und dass Eltern den Mut haben, diese auch zu nutzen.

Die „Erste Hilfe" für Eltern in einer Situation mit einem anstrengenden Baby besteht immer darin, sich Hilfe von anderen zu holen!

Wann ist es gut, den Mut aufzubringen, eine Beratung aufzusuchen, die sich auf die besondere Situation von Eltern mit Babys und kleinen Kindern spezialisiert hat?

– Wenn die Mutter oder der Vater das Gefühl haben, dass sie die Hilfen anderer nicht nutzen können.
– Wenn sie das Gefühl haben, dass es im Verwandten- und Freundeskreis keine Hilfe und kein Verständnis gibt.
– Wenn sie sich fast am Ende ihrer Kräfte fühlen.
– Wenn sie verzweifelt und hilflos sind und keinen Ausweg mehr sehen.

- Wenn sie merken, dass Wut und aggressive Gefühle gegenüber dem Kind hochkommen und sie Angst haben, diese Gefühle nicht mehr beherrschen zu können.
- Wenn es neben dem vielen Schreien noch andere Belastungen gibt.

Was passiert in einer Beratung?

◆ *Sich aussprechen und neue Möglichkeiten üben*

Eine Beratung kann den Eltern helfen, die Botschaften des Babys, welche es mit seinem Schreien ausdrückt, zu entschlüsseln und die richtigen Antworten zu finden. Die im vierten Kapitel beschriebenen Möglichkeiten, das gemeinsame Spiel für behutsame Anregungen zu nutzen und die gut dosierte Unterstützung beim Einschlafen werden für die Situation der Familie genau und konkret besprochen und auch in der Beratung geübt. Für manche Eltern wird es reichen, die Zusammenhänge zwischen dem Verhalten des Kindes und ihren Reaktionen mit Hilfe der Beraterin zu erkennen und andere Möglichkeiten des Umgangs im Gespräch zu erarbeiten. Die Gespräche mit einem Außenstehenden, der sich mit Babys gut auskennt, kann den Eltern Mut machen und sie darauf hinweisen, was sie gut machen. Manchmal entdeckt ein anderer Kleinigkeiten im Miteinander von Eltern und Kind, welche die Eltern selbst übersehen hatten. Er kann zum Beispiel darauf hinweisen, dass das Weggucken des Babys ein Zeichen von Überforderung ist.

Andere wieder profitieren von den Übungsstunden in der Beratung. Wenn das Baby in der Beratungsstunde schreit, erfahren die Eltern eine Rückenstärkung durch die Beraterin, die eine Verringerung ihrer Anstrengungen anregt und vielleicht neue Vorschläge macht, die besser zu diesem Kind passen als die bisherigen. Sie ermutigt die Eltern zum Beispiel, ihr schreiendes Kind in ein Bettchen zu legen und ihm durch leises Reden oder Singen oder durch eine Berührung zu zeigen, dass sie da sind, und es so lange zu streicheln oder anzusprechen, bis es einschlafen kann. Wenn das Kind dafür sehr lange braucht, ermutigt die Beraterin die Eltern, dennoch bei dem gewählten Verhalten zu bleiben und nicht, wie wahrscheinlich sonst, die Körperhaltung des Kindes andauernd zu wechseln. So wird das Baby beim Einschlafen, das ihm noch sehr schwer fällt, nicht immer wieder abgelenkt und die Eltern machen die Erfahrung, dass sie eine schwierige Situation mit weniger Aufwand bewältigen können. Bei diesen Übungen haben die Eltern auch die Gelegenheit, über ihre Gedanken und Gefühle in solchen Situation wie beim Einschlafen zu sprechen. Manchmal tauchen Sorgen, Ängste oder Erinnerungen auf. Das Kind versteht zwar nicht deren Inhalte, aber es nimmt Mamas veränderte Mimik oder ihre innerliche Abwesenheit wahr und fühlt sich dadurch irritiert. Diese Irritation kann beim Einschlafen hinderlich sein.

An dieser Stelle soll einmal ein Vater zu Wort kommen. In diesem Buch war fast immer von Mutter **und** Vater die Rede, weil Väter mit einem Baby genauso gut umgehen können wie Mütter, wenn sie sich darauf einlassen. Auch sie sind betroffen von der Anspannung in der Familie. Entweder erleben sie selbst auch die Ohnmacht bei ihren Beruhigungsversuchen mit all den Folgen für ihr eigenes Befinden und das Miteinander mit dem Kind oder sie sind indirekt betroffen. Wenn sie jeden Abend ihre Frau verzweifelt und erschöpft antreffen, wissen sie oft nicht, wie sie sich verhalten sollen.

In der Beratung sind auch die Väter wichtig und willkommen. Ihre Ideen und Fähigkeiten werden genauso gebraucht wie die der Mütter, und die Zeit mit einem anstrengenden Baby übersteht man besser zu zweit als ganz alleine.

Ein Vater berichtet

Wir waren in einer solchen Beratung. Zuerst war ich ja sehr skeptisch, ob das denn wirklich was bringt, dahin zu gehen. Aber wir waren so fertig von den ersten 10 Wochen mit unserem Sohn, dass ich dachte, schlimmer kann es gar nicht mehr werden. Neben dem vielen Schreien hat mich besonders belastet, dass meine Frau so verzweifelt und erschöpft war, wenn ich abends nach Hause kam. Erst dachte ich ja, wie kann das denn sein, dass man nach einem Tag zu Hause mit einem Baby so fertig ist. Dass ich so dachte, hat sie dann auch bemerkt und als zusätzlichen Vorwurf aufgefasst, so in dem Sinne, sie sei keine gute Mutter. Als ich unseren Sohn einen langen Nachmittag mal alleine betreuen musste, wurde mir zum ersten Mal klar, wie anstrengend das eigentlich ist. Ich bin auch wütend geworden, denn ich glaubte, ich könnte so nebenbei noch ein bisschen was am Computer machen. Nichts war, nur gebrüllt hat er. Ich war vielleicht froh, als meine Frau endlich kam. Denn eigentlich hat sie ja doch mehr Erfahrung mit ihm. In den vergangenen Wochen haben wir uns auch immer öfter gestritten. Die Nerven lagen einfach blank.

Nun waren wir also dort gewesen. Zunächst mussten wir sehr viele Fragen über unser Kind, über uns und über unseren Alltag beantworten. Manche Fragen fand ich merkwürdig, manche waren gar nicht leicht zu beantworten. Andere brachten uns auf völlig neue Gedanken, zum Beispiel, was wir denn tun würden, wenn unser Sohn nicht mehr schreien würde. Dazu fiel uns erst mal gar nichts ein, weil wir uns das zu dem Zeitpunkt überhaupt nicht vorstellen konnten. Wir hatten wirklich ganz vergessen, dass es außer einem schreienden Kind noch andere Dinge im Leben gibt. So allmählich kamen uns Ideen, und zu Hause fiel uns noch mehr ein. Die Beraterin schlug vor, irgendeine Kleinigkeit von unseren Ideen auszuprobieren, auch wenn unser Baby noch viel schreit, und zu beobachten, was dann passieren würde.

In diesen ersten Minuten des Gesprächs war unser Sohn sehr ruhig und beobachtete seine Umgebung. Wir hatten schon Angst, die Beraterin würde uns gar nicht glauben, wie anstrengend es mit ihm ist. Sie beruhigte uns und meinte, dass viele Kinder erst mal neugierig und still sind. Aber dann ging`s doch los, wie zu Hause. Ich merkte noch, wie er unruhig wurde und dann gleich losschrie. Die Beraterin unterbrach das Gespräch mit uns und schlug vor, unseren Sohn so hinzusetzen, dass er mich angucken konnte. Das beruhigte ihn für eine kleine Weile. In diesen kurzen Momenten sollte ich mich ihm gegenüber wie zu Hause verhalten und ich hab mit ihm ein paar Faxen gemacht. Irgendwann fing er wieder mit Schreien an. Wie zu Hause auch, begann ich, ihn heftig zu schaukeln und durch das Zimmer zu laufen.

Gemeinsam überlegten wir, was unser Sohn jetzt will. Mit dem Schreien sagte er uns, dass es ihm jetzt reicht und er müde ist. Aber was kann man da machen? Die Beraterin schlug vor, ihn in seinen Autokindersitz zu setzen, mit ihm beruhigend zu reden oder ihn zu streicheln, nicht beides gleichzeitig.

Irgendwann nach einer langen Zeit wurde unser Sohn ruhiger. Er schlief sogar ein. Er ist noch mal kurz hochgeschreckt und hätte fast wieder mit dem Schreien begonnen. Alles wäre von vorn losgegangen, wenn nicht die Beraterin uns erneut beruhigt und ermutigt hätte, ihn liegen zu las-

85

sen und nur leise mit ihm zu reden. Wir wurden selbst ruhiger und irgendwie glaube ich, hat unser Sohn das gespürt.

Zu Hause sollen wir bis zum nächsten Mal uns und unser Kind gut beobachten, eine Videoaufnahme machen und ein Schlaftagebuch führen. Merkwürdigerweise hat uns dieses erste Gespräch schon viel geholfen. Unser Sohn schreit zwar immer noch ziemlich viel, aber wir sind irgendwie ein wenig ruhiger und zuversichtlicher geworden, dass wir es schaffen werden.

Neben der behutsamen Unterstützung beim Einschlafen, bei der so wenig wie nötig mit dem Baby gemacht wird, können Eltern in der Beratung auch üben, wie sie mit ihrem Kind spielen können, ohne es zu überfordern. Sie lernen, woran sie erkennen, wann es genug hat und was sie dann tun können, damit ihr schnell irritierbares Kind nicht aus dem Gleichgewicht gerät. Eine Kollegin bezeichnet diese Übungen als „Babylesestunde". Die Eltern finden mit Hilfe der Beraterin heraus, ob ihr Kind lieber berührt werden will, der Stimme lauscht oder es bevorzugt, sein Gegenüber aufmerksam anzusehen. Sie hilft, das Telegramm zu verstehen und zu beantworten.

In manchen Familien kann es vorkommen, dass die Eltern die besprochenen Vorschläge oder die Erfahrungen aus den Übungen zu Hause nicht umsetzen können. In der Beratung erschien alles klar und einfach, was dort besprochen und ausprobiert wurde. Doch zu Hause beginnt alles wieder von vorne: Das Baby schreit und schreit und findet nicht in den Schlaf. Bei den Eltern stellen sich erneut Verzweiflung, Hilflosigkeit, Wut und Erschöpfung ein. Sie sind wahrscheinlich von Gefühlen und Vorstellungen belastet, die die Umsetzung der Vorschläge aus dem Beratungsgespräch verhindern.

In der Beratung kann auch deutlich werden, dass es der Mutter oder dem Vater sehr schwer fällt, sich auf ein entspanntes Spiel mit ihrem Kind einzulassen. Manche haben das Gefühl, dass ihnen nichts einfällt, was sie mit ihrem Baby machen können oder sie sitzen traurig ihrem Kind gegenüber. Diese Einschränkungen können durch aktuelle Belastungen, durch die elterliche Lebensgeschichte oder durch bestimmte Vorstellungen und Phantasien über das Baby verursacht sein.

◆ Gespenster und gute Geister

Es kann also sein, dass Eltern keinen Zugang zu den Vorschlägen der Beraterin bekommen oder ihre intuitiven Fähigkeiten so blockiert sind, dass sie diese nicht im Umgang mit ihrem Baby lustvoll nutzen können. In solchen Fällen werden Gespräche und Übungen, die sich vorwiegend auf das Verhalten vom Kind und den Eltern beziehen, nicht ausreichen. Es kann beispielsweise sein, dass die Mutter oder der Vater kaum reagiert, wenn sie oder er mit ihrem Baby zusammen ist. Sie sitzen z. B. fast wortlos vor ihrem Kind und es fällt ihnen unendlich schwer, ihr Kind anzulächeln oder zu einem kleinen Spiel aufzufordern. Statt sich an ihrem Kind erfreuen zu können, fühlen sie sich überwiegend traurig oder ärgerlich. Sind diese traurigen oder ärgerlichen Gefühle von Mutter oder Vater andauernd, dann wird das Kind sie übernehmen, weil es sich immer am Gefühlszustand seiner wichtigsten Bezugspersonen orientiert. Ein Baby reagiert auf die Traurigkeit seiner Mutter und zieht sich allmählich in sich selbst zurück. Es versucht dann nicht mehr, seine Mutter mit einem fröhlichen Lächeln oder Gluckser zu einem gemeinsamen Spiel aufzufordern, denn die Vergeblichkeit seiner Versuche in den letzten Monaten hat es entmutigt. Ein anderes Baby übernimmt vielleicht das andauernde Gefühl von Ärger, das es bei seiner Mutter wahrnimmt und wirkt dann selbst unzufrieden und unleidlich.

Ein anhaltendes trauriges oder ärgerliches Zusammensein hat Folgen für die Entwicklung des Babys. Es lernt, dass es keinen Zweck hat, seine Gefühle und Bedürfnisse zu zeigen. Es wird ihm die lustvolle Erfahrung fehlen, gemeinsam neue Entdeckungen mit seiner Mutter oder seinem Vater zu machen. Sein Wunsch, Spielzeug zu erforschen, wird nicht unterstützt. Es fehlt ihm die Ermutigung herauszufinden, wie man mit anderen umgeht und was man in seiner Umgebung erforschen kann. Das kann spätere Folgen im Kindergarten und in der Schule haben. Die Fähigkeiten, mit anderen klarzukommen und die Lust am Lernen können von diesen frühen Erfahrungen beeinträchtigt sein.

Es ist denkbar, dass in solchen Situationen neben der aktuellen Belastung mit dem schreienden Baby und den zusätzlichen Alltagssorgen der Eltern *„Gespenster im Kinderzimmer herumgeistern"*. Von *„Gespenstern im Kinderzimmer"* zu reden, klingt vielleicht ein bisschen befremdlich. Das Wort vom *„Gespenst"* passt aber ganz gut zu den Beobachtungen, die viele Kolleginnen und Kollegen in den Beratungen bei verschiedenen Familien machen konnten. Diese Gespenster sind unruhige Geister aus der Vergangenheit der Eltern, die in der Gegenwart herumspuken und die Eltern so verwirren, dass sie ihr eigenes Kind kaum oder nur verzerrt wahrnehmen. Vielleicht hat sich das Gefühl von großer Traurigkeit dazwischen gedrängt, das aus der Vergangenheit herrührt. Dann können Bedürfnisse des Kindes kaum gesehen und angemessen befriedigt werden.

Die *„Gespenster im Kinderzimmer"* lassen sich wie ungebetene Gäste bei der Taufe neben dem Kind nieder und verhindern oder blockieren durch ihr Unwesen das

Entstehen einer harmonischen Interaktion zwischen Mutter und Kind oder Vater und Kind. Ähnlich wie bei Dornröschen bestimmt das Gespenst den Umgang mit dem Kind in einer Weise mit, die nicht immer gut für seine Entwicklung ist. Die Eltern von Dornröschen haben alle Spindeln im Königreich verbrannt, damit es von diesen nicht gestochen werden kann. So kam es, dass Dornröschen nicht wusste, wie man mit Spindeln umgeht, ohne sich zu verletzen. Das, was die Eltern mit der Beseitigung all dieser Geräte beabsichtigten, trat also dann doch ein, weil Dornröschen damit erst Erfahrungen machen konnte, als es für sie gefährlich wurde.

Mit dem Bild von den Gespenstern wird eine Situation illustriert, in der Eltern ihr Wissen und ihre Fähigkeiten zur Begleitung und Erziehung ihres Kindes nicht anwenden können. Oft hindern sie eigene negative und unverarbeitete Kindheitserfahrungen daran. Wissenschaftliche Untersuchungen und Erfahrungen in der Beratungsarbeit haben uns gezeigt, dass die Art und Weise, wie Eltern mit ihren Kindern umgehen, immer auch mit ihren Erfahrungen in der eigenen Kindheit zu tun hat. Der Zusammenhang zwischen der eigenen Kindheitserfahrung und dem Einfühlungsvermögen in das eigene Baby ist nicht ganz leicht zu verstehen. Die Erinnerungen an unsere früheste Kindheit steht uns nicht direkt zur Verfügung. Wir haben keine Worte für diese Zeit. Trotzdem scheinen unsere frühesten Erfahrungen einen Einfluss darauf zu haben, wie wir mit unseren eigenen Kindern umgehen.

◆ *Ein Beispiel: Der zornige Schreihals*

Aufgrund des lang anhaltenden Schreiens ihres vier Monate alten Sohnes kamen die Eltern in die Beratung. Sie waren sehr erschöpft und enttäuscht, dass das

Schreien nach den drei Monaten immer noch nicht weniger geworden war, so wie es der Kinderarzt und viele Bekannte gesagt hatten. Insbesondere die Mutter war der Meinung, dass ihr Sohn so viel schrie, weil er zornig wäre. Man würde es nicht nur am Schreien erkennen, sondern auch an seinem Gesichtsausdruck. Als Mutter hatte sie den Eindruck, im Umgang mit ihrem Sohn völlig zu versagen. Sie würde so viel mit ihm machen: herumtragen, schaukeln, immer bei ihm sein und selbst nicht zum Essen kommen. Egal was sie mache, nichts schiene dem Kind zu passen. Sie sei auch oft ganz wütend auf ihren Sohn. Dann wieder hätte sie Schuldgefühle, denn sie könne ihren eigenen Zorn schlecht beherrschen.

Sie selbst hatte einen sehr jähzornigen Vater, der bei jeder Kleinigkeit explodierte und die Familie tyrannisierte. Mit ihrem Sohn wollte sie auf keinen Fall so umgehen und musste nun an sich einen ähnlich unbeherrschbaren Zorn entdecken. Außerdem sah ihr Sohn auch schon so zornig wie ihr Vater aus. Was sollte daraus nur werden? Ähnlich wie bei ihrem Vater versuchte sie nun, es ihrem Sohn irgendwie recht zu machen. Je mehr sie jedoch unternahm, desto schlimmer wurde es.

Das Zorngespenst wurde in dieser Familie so mächtig, weil es auf die Besonderheiten des Jungen traf, die so typisch sind für extrem viel schreiende Babys. Auf jede Berührung reagierte er sehr empfindlich. Wenn man ihn gleichzeitig anschaute und ansprach, war es für ihn offensichtlich schon zu viel. Er zeigte seine Überforderung dadurch, dass er mit den Armen herumruderte und sich mit seinem Körper steif machte. Das viele Schreien und seine Abwehrbewegungen waren seine Versuche gewesen, sich selbst zu helfen.

Aufgrund der Erfahrungen mit ihrem Vater sah die Mutter in seinem Schreien und in seinen Bewegungen das Gespenst des Zornes, und nicht die Versuche des Kindes, mit der Irritation zurechtzukommen. Aufgrund dieses Missverständnisses konnte die Mutter ihren Sohn wenig unterstützen. Stattdessen wurde sie selbst zornig, was wiederum zu Schuldgefühlen führte. Ein Teufelskreis war entstanden.

Im Gespräch mit der Mutter vermittelt ihr die Beraterin ein anderes Verständnis für die Verhaltensweisen des Kindes. Durch ein einfühlsames Beobachten und behutsames Reagieren auf das Verhalten des Sohnes kann die Mutter erkennen, wie er mit der Überforderung umgeht und ihn dabei unterstützen, mehr Ausdauer und bessere Möglichkeiten als nur das Schreien zu entwickeln. Damit die Mutter die Anregungen aus den Übungsstunden aber auch zu Hause anwenden konnte, brauchte sie zusätzlich noch die Möglichkeit, über ihre eigene Kindheit nachzudenken. Sie bekam die Gelegenheit, das Zorngespenst zu entmachten, indem sie erkennen konnte, dass das Gefühl von Zorn aus der Vergangenheit kam und nicht von ihrem Baby.

Die Geburt eines Kindes und seine ersten Lebenswochen sind eine Zeit, in der bei den Eltern intensive Gefühle ausgelöst werden. Dies ist zugleich auch eine Chance, die alten Gespenster zu entdecken und ihrer Macht zu berauben. In dieser Zeit können Eltern ermutigt werden, eine Verbindung zwischen der Erfahrung ihres Babys und ihren eigenen frühen Erfahrungen herzustellen, denn der Einfluss der Vergangenheit ist in der Beziehung zum eigenen Kind erkennbar. Außerdem sind Eltern selten wieder so offen für eine neue Sichtweise auf die eigene Vergangenheit. Auch wenn die Erinnerung an die Vergangenheit schmerzvoll sein kann, wird die Beziehung zum eigenen Kind davon profitieren, wenn man sich diesem Schmerz stellt. Frühe Elternschaft enthält als sensibler Zeitabschnitt wertvolle Chancen, sich mit der eigenen Geschichte auseinanderzusetzen, Handlungsweisen der eigenen Eltern zu verstehen, sich vielleicht zu versöhnen und Gegebenheiten zu akzeptieren. In der Gegenwart mit ihrem eigenen Kind ist entscheidend, wie Eltern jetzt über ihre eigene Kindheit nachdenken und welche Empfindungen sie dabei haben. Weniger bedeutsam sind die realen Bedingungen des Aufwachsens, als deren Aufarbeitung durch die Eltern. Dadurch entstehen auch Chancen, mit den eigenen Kindern anders umzugehen als man es von seinen eigenen Eltern erfahren hat. Wenn es ein Gespenst in einer Familie gegeben hat, dann kann die Beratung den Eltern helfen, dieses Gespenst zu entmachten und in das Reich der Familiengeschichten zu verbannen. Vielleicht lassen sich stattdessen gute Geister finden, die den Eltern helfen, ihr Kind großzuziehen. Bei Dornröschen haben die guten Feen dafür gesorgt, dass die Macht der 13. Fee nicht uneingeschränkt wirken konnte.

◆ *Videoaufnahmen*

Neben den Gesprächen und Übungen erweisen sich Videoaufnahmen als sinnvoll. Warum ist das so? Für Eltern sind Videoaufnahmen eine gute Möglichkeit, selbst zu entdecken, was, wie genau und zu welchem Zeitpunkt zwischen ihnen und ihrem Kind passiert. Die Beraterin hilft dabei, indem sie beim gemeinsamen Anschauen auf Stärken und Fähigkeiten des Kindes und seiner Eltern hinweist. Zu beobachten, wie das Baby das gemeinsame Spiel mitgestaltet oder wie es zeigt, dass es eine Pause braucht, kann für Eltern eine spannende Entdeckung sein. Natürlich empfinden es die meisten Eltern zunächst als unangenehm, in einer fremden Umgebung mit der Kamera beobachtet zu werden. Wenn sie die anfängliche Scheu aber überwinden können, kann diese Beobachtung besser als Worte allein helfen, das Kind und seine Reaktionen zu verstehen. Sie sehen sich selbst zu und bekommen dadurch einen neuen Blick auf die Situation, auf ihr Kind und auf sich selbst. Da die Reaktionen der Eltern auf ihr Baby prompt erfolgen, hilft das Video die schnellen Reaktionen beliebig oft, langsam und genau anzusehen.

Die Beraterin und die Eltern nutzen gemeinsam das Video, um zu erkennen, was zur Verbesserung der familiären Situation beitragen kann. Die Beraterin achtet besonders darauf, was schon ganz gut klappt und weist die Eltern darauf hin. Gemeinsam können sie dann anhand der Aufnahmen überlegen, was die Eltern und das Kind brauchen, damit es öfter als bisher zu harmonischen Augenblicken kommen kann. Die Antwort auf diese Frage kann je nach Familie sehr unterschiedlich ausfallen. Antworten können sich auf das konkrete Verhalten beziehen, zum Beispiel: mit weniger Spielzeug langsamer spielen und mehr mit dem Kind reden. Ein verändertes Verhalten von Mutter oder Vater und die Folgen für das Kind können dann wieder gefilmt und mit der ersten Aufnahme verglichen werden. Das gemeinsame Anschauen des Videos kann Gedanken und Gefühle auslösen, über die zu reden Gelegenheit in der Beratung ist.

◆ *Was noch?*

Aufgrund ihrer Fähigkeiten sind Eltern in der Lage, so manche auftretenden Irritationen und Missverständnisse im Miteinander selbst zu erkennen und zu beseitigen. Sich zum Beispiel am Wochenende eine Nacht zum Durchschlafen gegenseitig zu schenken, kann in solchen Situationen wie ein Wunder wirken, und am nächsten

Tag gelingt es der ausgeschlafenen Mutter oder dem erholten Vater wieder viel besser, gelassen auf das Kind zu reagieren. Eine Beratung kann da helfen, auf eine scheinbar so einfache, aber vielleicht wirkungsvolle Idee zu kommen.

Die Fähigkeit, schwierige Situationen aus eigener Kraft zu bewältigen, wird aber immer dann eingeschränkt sein, wenn es zusätzliche Stressfaktoren außerhalb der Eltern-Kind-Beziehung gibt. Die Beraterin wird deshalb darauf achten, ob es im Umfeld der Familie noch zusätzliche Belastungen gibt, die nicht mit Gesprächen oder durch Übungsstunden zu verringern sind. Sie wird die Eltern ermutigen, andere Formen der Entlastung zu organisieren, zum Beispiel eine Haushaltshilfe, einen Babysitter oder den Kontakt zu einem Mütterzentrum, in dem sich Mütter mit ihren kleinen Kindern regelmäßig treffen können.

Es kann auch Situationen geben, in denen sie, in Absprache mit den Eltern, andere Kooperationspartner in die Beratung einbezieht. Dazu können Frühförderinnen, Physiotherapeuten, Kinderärzte oder auch Mitarbeiter des Jugendamtes zählen. Gerade, wenn das übermäßige Schreien ein Problem von vielen oder die Folge einer Anhäufung von Problemen ist, ist es wichtig genau herauszufinden, was die jeweilige Familie braucht. Die Unterstützung kann dann unter Umständen nicht mehr alleine von einer Babyberatung geleistet werden. Frühförderinnen oder Physiotherapeuten bieten bestimmte Bewegungsübungen an, wenn das Kind Hilfe für seine motorische Entwicklung braucht. Kinderärzte überprüfen den körperlichen Gesundheitszustand, wenn bestimmte Krankheiten oder Behinderungen die Anpassung an das Leben nach der Geburt zusätzlich erschweren, wie es zum Beispiel bei frühgeborenen Kindern häufiger vorkommt.

Das Jugendamt ist zuständig, wenn die Eltern, insbesondere die Mütter, eine stundenweise Entlastung benötigen, weil sie möglicherweise besonders erschöpft sind, Angst haben, die Kontrolle über sich zu verlieren oder ihr Kind alleine nicht gut versorgen können. Eine Entlastung kann durch eine stundenweise Betreuung des Kindes in einer Kindertagesstätte erfolgen. Sie kann aber auch so organisiert werden, dass eine Familienhelferin für einige Stunden in die Familie kommt und die Eltern bei der Erziehung und Versorgung ihres Kindes unterstützt. Die Unterstützung von Familien in schwierigen Lebenssituationen ist Aufgabe des Jugendamtes. Deren Mitarbeiter sollen mit den Eltern gemeinsam Möglichkeiten finden, damit sich das Kind in seiner Familie gut entwickeln kann. Gerade, wenn viele Belastungsfaktoren zusammenkommen und das exzessive Schreien nur ein Teil des Stresses ist, den eine Familie bewältigen muss, ist es wichtig, rechtzeitig Hilfe zu organisieren und sich nach den Angeboten in der Region umzusehen.

6 Wenn das Kind größer wird

Das Thema dieses Buches sind die extrem viel schreienden Babys, die in den ersten drei bis sechs Lebensmonaten ihre Eltern mit ihrem Schreien in Atem halten und für Verwirrung und Erschöpfung sorgen. In dieser ersten Zeit ist das Schreien ein Signal, das die Babys nicht steuern können. Da sie aber sehr lernfähig sind, ändert sich die Art, wie sie ihr Schreien einsetzen, mit dem Übergang zum zweiten Lebenshalbjahr. Auch nach dem sechsten Lebensmonat schreien kleine Kinder. Nicht selten recht intensiv, wenn sie sich zum Beispiel verlassen fühlen oder wenn sie alleine in ihrem Bettchen einschlafen sollen. Sie haben bis dahin gelernt, ihr Schreien gezielter einzusetzen. Man kann beobachten, dass manche Kinder im zweiten Halbjahr nur kurz weinen und dann auf eine Reaktion ihrer Mutter oder ihres Vaters warten. Sie haben in den ersten Monaten ihres kurzen Lebens erfahren, dass da fast immer jemand da war, der auf ihr Schreien reagiert hat. Durch diese relativ zuverlässige Lernerfahrung haben sie das Vertrauen entwickelt, dass es auch weiterhin so sein wird und dass sie deshalb mit dem Weinen sparsamer umgehen können. Das Schreien hat sich zu einem kurzen „Bescheid sagen" entwickelt. In dem Maße, wie sich das sprachliche Verständnis für die Antworten der Eltern entwickelt, werden sie nun auch zunehmend in der Lage sein, ein wenig zu warten und selbst mit Worten „Bescheid sagen".

Oft erzählen Eltern in der Beratung, ihr Kind wolle sie ärgern oder sei böse, wenn es schreit. Wenn Kinder nach den ersten sechs Lebensmonaten gezielter kürzer oder länger schreien, so tun sie das genauso wenig wie die kleinen Babys aus böswilliger Absicht. Sie möchten mit ihrem Schreien nicht ihre Eltern ärgern, sondern etwas über sich mitteilen. Auch wenn es Eltern hin und wieder so erscheinen mag und sie manches, vom Schreien verkrampfte Gesicht ihres Kindes als böse und wütend interpretieren, so fehlt Kindern im Kleinkindalter die Vorstellung von „gut" und „böse" oder was es bedeutet, jemanden mit Absicht ärgern zu wollen.

Im letzten Teil des Buches möchte ich noch kurz auf typische Situationen im zweiten Lebenshalbjahr eingehen, die von heftigem Schreien begleitet sein können und Eltern nochmals herausfordern. Auch hier ist es wieder sinnvoll, nicht zu lange zu warten, sondern Hilfe in der Familie, bei Freunden oder auch bei Fachleuten einzufordern.

Selbstständig werden

Oft sind Eltern verunsichert, wenn ihr Kind um den achten Monat herum immer noch lange zum Einschlafen braucht und nachts mehrmals aufwacht. Irritationen beim Schlafen in diesem Alter hängen häufig eng zusammen mit der für das Kind erstaunlichen Zunahme an größerer Bewegungsfreiheit. Jetzt, da das Kind krabbelt und läuft, kann es sich selbstständig von seinen Eltern entfernen. Aber wenn man sich fortbewegt, kann man plötzlich alleine sein, sich unsicher und verlassen fühlen. Eltern sind dann erschrocken von der Heftigkeit des Kindes, mit der es die Anwesenheit seiner Mutter oder seines Vaters nach solchen Ausflügen in unbekannte Gebiete einfordert.

Ein weiterer wichtiger Meilenstein in der Entwicklung eines Kleinkindes ist seine Entdeckung des eigenen Willens, die häufig von den gefürchteten Trotzanfällen begleitet ist. Auch hier ist für manche Eltern die Heftigkeit der Reaktion des Kindes überraschend und verunsichernd. Sie befürchten zudem, dass ihr Kind ihnen auf der Nase herumtanzt und es seinen Willen immer durchsetzen wird, wenn sie nicht richtig reagieren.

Keine Angst vor der Dunkelheit – Schlafen braucht Geborgenheit und Vertrauen

Etwa um den achten Lebensmonat herum treten in einigen Familien noch einmal deutliche Schlafprobleme des Kindes auf, auch bei solchen Familien, wo das Kind nie sehr viel geschrien hatte und auch schon mal durchschlief. Das hat damit zu tun, dass die Eltern nun ungeduldig werden, wenn ihr Kind immer noch oder wieder nur mit ihrer Hilfe einschlafen kann. Sie hatten gehofft, dass die langen Einschlafzeiten und das häufige nächtliche Erwachen nun endlich vorbei sein müssten und stellen fest, dass ihr Kind energisch schreit und protestiert, wenn sie die Schlafgewohnheiten ändern wollen.

Schwierigkeiten mit dem Ein- und Durchschlafen in dieser Zeit haben auch mit der ersten Phase der Loslösung aus dem engen Kontakt mit zumeist der Mutter zu tun. Es erwirbt die Fähigkeit zu krabbeln und kann nun selbst bestimmen, zu welchen interessanten Gegenständen es sich hinbewegt. Von dieser neuen Fähigkeit macht es am Tage reichlich Gebrauch.

Aufgrund seiner größeren Selbstständigkeit erlebt das Kind unter Umständen Trennungs- und Verlassenheitsängste, die zwar zu dieser Entwicklungsphase dazugehören, aber nachts das Ein- und Durchschlafen stören können.

Probleme mit dem Ein- und Durchschlafen sind für viele Kinder aufgrund dieses Wendepunktes in der Entwicklung noch relativ normal. Für die Erholung der ganzen Familie wird dieses Verhalten dann zum Problem, wenn das Kind nicht alleine wieder einschlafen kann und mit langen Wachzeiten, die es spielend oder schreiend verbringt, die restliche Familie am Weiterschlafen hindert. Eine Möglichkeit, die durch die vergrößerte Selbstständigkeit entstandenen Schlafschwierigkeiten zu reduzieren, besteht, wie schon im ersten Halbjahr, am Tage, während der Wachzeiten des Kindes. Eltern können ihr Kind unterstützen, indem sie es zu seinen Erkundigungen ermutigen und ihm in schwierigen Situationen helfen, seine Neugier und seinen Erkundungsdrang zu befriedigen.

Die Fähigkeit des Kindes ein- und durchzuschlafen hängt natürlich auch von den bisher erlebten Hilfen der Eltern ab. Welche Methode haben sie in den ersten Monaten gewählt, und wie ist es ihnen gelungen, ihre eigenen Aktivitäten wie Herumtragen, Einschlafen an der Brust oder das Kind in seinem Bett zu beruhigen, allmählich zu verringern? Hatte das Kind Gelegenheit, sich auf ein immer wiederkehrendes Einschlafritual zu verlassen und eigene Erfahrungen mit dem Einschlafen zu machen?

Es ist nicht immer leicht für die Eltern, den richtigen Zeitpunkt zu finden, an dem sie ihre Aktivitäten allmählich aufgeben können. Insbesondere dann, wenn das Kind in den ersten Wochen sehr viel geschrien hat und es nun gelernt hat, dass das Schreien hilft, um doch wieder an der Brust von Mama oder im Arm vom Papa einzuschlafen, obwohl diese das nicht mehr wollen. Wenn Eltern die Schlafgewohnheiten ihres Kindes ändern wollen, dann ist es wichtig, dass sie sich ihrer Sache sicher sind und Geduld haben. Ein Kind, das bis dahin an der Brust von Mutter oder im Arm vom Vater einschlafen konnte, wird energisch protestieren und lauthals schreien, wenn sich das auf einmal ändern soll. Bis zu zwei Wochen kann es dauern, ehe es sich von dieser lieb gewonnenen Gewohnheit trennen kann. Je sicherer die Eltern das Gefühl haben, dass diese Veränderung trotz des Protestes des Kindes jetzt wichtig und richtig ist, desto besser können sie ihrem Kind bei der Umstellung helfen. Je mehr Zweifel und Unsicherheit auftreten, desto weniger Sicherheit und Vertrauen erfährt das Kind. Es wird sich mit allen Mitteln wehren, um den alten Zustand wieder herzustellen. Es kann sich auf die neuen Schlafgewohnheiten nur schwer einlassen, weil es das innere Hin und Her der Eltern spürt. Dadurch fehlt es ihm an Sicherheit und Vertrauen, die veränderten Einschlafrituale zu akzeptieren.

Eltern helfen sich und ihrem Kind, wenn sie dafür sorgen können, dass sich das Kind am Tag geborgen fühlt und Erfahrungen mit seiner beginnenden Selbstständigkeit machen kann. Sie können sich und ihrem Kind helfen, wenn sie abends ein wiederkehrendes Einschlafritual gestalten. Die etwa immer gleichen Schritte bis zum Gute-Nacht-sagen geben dem Kind Sicherheit und zeigen ihm, jetzt ist Schlafenszeit. Und sie können sich und dem Kind helfen, wenn sie in sich das Gefühl finden, dass es in Ordnung ist, dass ihr Kind im Bett bleibt, obwohl es protestiert.

Für Eltern, insbesondere für Mütter, sind Schlafprobleme ihres Kindes in manchen Fällen auch mit eigenen Trennungsängsten verbunden. Ihr Kind wird groß und selbstständig und irgendwie sind sie vielleicht traurig, dass diese Entwicklung so schnell geht. Schlafprobleme des Kindes können, besonders bei erstgeborenen Kindern, im Zusammenhang mit der Situation der Eltern als Paar stehen. Solange die ganze Energie des Paares auf das Überstehen der Nächte gerichtet war, so lange hatten sie wenig Zeit für sich beide. Mit zunehmender Selbstständigkeit des Kindes, auch beim Nachtschlaf, werden sie sich als ein Paar mit Kind finden müssen. Es wird anders sein als in der Zeit ohne Kind und in der Zeit, als ihr Kind noch sehr klein war. Eine neue Ebene des Zusammenlebens zu finden, ist vielleicht für beide problematisch und das Schlafproblem des Kindes hilft den Eltern, sich davor noch zu drücken.

Beim Schlafen können ebenfalls wieder alte Gespenster herumgeistern. Unabhängig davon, ob die Ursachen beim Paar, bei einem Gespenst aus der Vergangenheit oder bei anderen Problemen außerhalb des Kindes liegen, es ist immer wieder verblüffend, wie Kinder auf feine atmosphärische Verstimmungen in der Familie mit Schlafproblemen reagieren. Wenn die Eltern große Zweifel an ihrem Verhalten haben und durcheinander geratene Gefühle erleben, dann wäre es gut, sich nach Hilfe umzusehen.

In den Beratungsstellen würde man ähnlich verfahren wie bei den extrem viel schreienden Babys: Gespräche über den Alltag, das Verhalten des Kindes, die Vorstellungen und Gefühle der Eltern und vielleicht vorhandene Gespenster sollen helfen, Schlafgewohnheiten zu ändern und dem Kind dabei das Gefühl von Sicherheit und Vertrauen geben zu können. Diese Gespräche sollen Eltern auch helfen, für ihre eigene Erholung zu sorgen, Gespenster zu entmachten und die Bedürfnisse aller Familienmitglieder zu berücksichtigen.

Hänschen klein ging allein – Bindung und Autonomie

Wenn das Kind im Alter von ungefähr acht Monaten loskrabbeln kann, dann hat es einen ungeheuer großen Entwicklungsschritt gemacht, denn nun kann es selbst entscheiden, wohin es krabbelt. Es beginnt die „Zeit des Naturforschers", wie Barbara Sichtermann (1987) einmal so treffend diesen Lebensabschnitt benannt hat. Mit Ausdauer erforscht es zum Beispiel die Gesetze der Schwerkraft, wenn es einen Gegenstand immer und immer wieder fallen lässt, oder es erforscht die unterschiedlichsten Materialeigenschaften, wenn es verschiedene Gegenstände überall anfasst. Doch diese neue Selbstständigkeit hat ihren Preis. Wenn das Kind allein loskrabbelt, kann es in Situationen geraten, die es ängstigen oder überfordern. Plötzlich kippt der Papierkorb um, dessen Inhalt es gerade ausgiebig untersuchen wollte, oder die Katze beginnt zu fauchen und keine vertraute Person, die einen trösten und ermutigen könnte, ist in der Nähe.

Genau in dieser Zeit treten beim Kind Trennungs- und Fremdenängste auf, die das Kind davor schützen, sich zu weit weg von einer vertrauten Personen zu wagen. Im Laufe der langen Entwicklungszeit des Menschen hat die Natur dafür gesorgt, dass die Trennungsangst wie eine unsichtbare Sicherheitsleine das Kind an seine Mutter oder seinen Vater bindet. Wenn es sich in einer neuen Umgebung einem interessanten Gegenstand nähert, dann kann es bei auftretender Unsicherheit, Angst oder Bedrohung sofort zur Mutter zurückkrabbeln, um Hilfe schreien, sich trösten und zu einem erneuten Ausflug ermutigen lassen. Schreien ist auch hier wieder ein nützliches Signal.

Die Fremdenangst ist ebenfalls ein sinnvoller Schutz. Sie bindet das Kind an die Personen, von denen es bis jetzt am zuverlässigsten Geborgenheit und Hilfe erfahren hat. Fremden Personen wird sich das Kind nur dann annähern, wenn es von seinen vertrauten Bezugspersonen dazu ermuntert wird und die fremde Person dem Kind Zeit lässt, herauszufinden, ob sie ebenfalls vertrauenswürdig ist. Wenn ein Kind mit einem neuen Gegenstand oder einer fremden Person konfrontiert ist, dann kann man deutlich sehen, dass sich das Kind am Blick von Mutter oder Vater orientiert. Das Kind beobachtet die Mimik und die Gestik seiner vertrauten Bezugsperson sehr genau. Es möchte herausfinden, ob eine Erkundung in Ordnung ist oder ob man der fremden Person vertrauen kann. Eltern ermutigen ihr Kind mit ihrem Blick, ihren Worten und Gesten. Sie können aber auch in der selben Weise ihre Kinder zurückhalten oder gar entmutigen.

Wenn die vertraute Person weggeht, protestieren Kinder in diesem Alter in der Regel lautstark und schränken ihre Aktivität und Neugier beim Erkunden der Umgebung deutlich ein. Es ist ein Zeichen von seelischer Gesundheit, wenn sie ihren Kummer und ihre Angst vor dem Verlassenwerden zeigen und sich bei der Wiederkehr der vertrauten Person von ihr trösten lassen und sich wieder beruhigen können.

Unterstützung brauchen Eltern und Kind, wenn ihr Kind bei einer Trennung gar nicht reagiert oder aber so stark irritiert ist, dass es sich nach der Rückkehr von Mutter oder Vater nicht trösten lassen kann und lange weiterschreit.

Ein nächster Meilenstein der Entwicklung hin zu größerer Selbstständigkeit kündigt sich mit dem Ende des ersten Lebensjahres an. Das Kind entdeckt seinen eigenen Willen und möchte vieles selbst ausprobieren. Dabei stößt es unweigerlich an Grenzen, die durch die Vorstellungen der Eltern und der Gewährung der notwendigen Sicherheit gegeben sind. Es folgen die zum Teil heftigen, dramatisch wirkenden Trotzreaktionen, die bis in das Kindergartenalter anhalten können. Obwohl Trotzreaktionen Eltern erheblich belasten und verunsichern können, zumal, wenn sie in der Öffentlichkeit stattfinden, gehören sie zur normalen kindlichen Entwicklung und zeigen den Eltern, dass ihr Kind auf dem richtigen Weg ist, sein eigenes Ich zu finden.

Bis zu diesem Zeitpunkt haben die Eltern viel über ihr Baby und sich selbst erfahren. Vielleicht waren die ersten Monate besonders herausfordernd und belastend, weil ihr Kind größere Schwierigkeiten als andere hatte, sich zurechtzufinden. Es hatte sehr viel geschrien und brauchte lange, bis es selbstständig ein- und durchschlafen konnte. Aber es war ein starkes Baby, das laut auf sich aufmerksam gemacht hat.

7 Beratungsstellen in Deutschland

Bei der Auswahl der Beratungsstellen habe ich diejenigen ausgewählt, die über mehrjährige Erfahrungen in der Beratung von Familien mit Babys und Kleinkindern verfügen und Mitglied der deutschsprachigen Gesellschaft für seelische Gesundheit in der frühen Kindheit sind. Diese Gesellschaft wurde 1996 gegründet und koordiniert die Aktivitäten in Deutschland, Österreich und in der Schweiz.

Falls die angegebene Einrichtung sehr weit vom eigenen Wohnsitz entfernt ist, so kann man entweder in der nächstgelegenen nachfragen oder Auskünfte bei der Geschäftsstelle der Gesellschaft einholen. Im Internet sind ebenfalls Informationen und Adressen zu finden. Trotz gründlicher Recherche kann es immer wieder mal passieren, dass Beratungsstellen umgezogen sind, nicht mehr existieren oder Mitarbeiter gewechselt haben. Auch dann sollte man die Geschäftsstelle oder das Internet nutzen.

Die Adresse der Geschäftsstelle GAIMH:

Gesellschaft für Seelische Gesundheit in der frühen Kindheit e.V.
(German speaking Association for Infant Mental Health)
Uni.-Prof. Dr. Marguerite Dunitz-Scheer
Univ.-Klinik für Kinder- und Jugendheilkunde Graz
Auenbruggerplatz 30
A–8063 Graz
e-mail: gaimh@klinikum-graz.at
Tel.: 0043 (316) 385 3784
FAX: 0043 (316) 385 4728
Homepage: www.gaimh.de

Beratungsstellen nach Postleitzahlgebieten geordnet:

Stillpraxis Elisabeth Kurth IBCLC
Still- und Laktationsberatung
Beratung für Eltern von Säuglingen und Kleinkindern mit exzessivem
Schreien, Schlaf- und Essstörungen
Augustusweg 46
01445 Radebeul
Tel.: (0351) 830 3478
e-mail: kurth@stillpraxis.de
Homepage: www.stillpraxis.de

Schreisprechstunde
Beratung für Eltern mit Babys und Kleinkindern,
Poliklinik der Universitätsklinik für Kinder und Jugendliche
Oststr. 21–25
04317 Leipzig
Tel.: (0341) 972 6242

IRIS REGENBOGENZENTRUM
Für Eltern, deren Babys Schlafstörungen, Still- Ess- und
Schreiprobleme haben
Schleiermacherstr. 39
06114 Halle
Tel.: (0345) 521 1232
Fax: (0345) 521 1233

Kontaktadresse Mütterzentren Ost
Mütterzentrum Pirna
Grit Lange und Uta Werner
An der Gottleuba I
01796 Pirna
Tel.: (03501) 446 651

Charité Frauenklinik, Psychosomat. Abt. Gyn/Geburtshilfe
Schumannstr. 20/22
10098 Berlin

Verein FABETH, Verein für Familienberatung und Therapie
Dunckerstr. 10
10437 Berlin

NHW e. V. Kinderschutzstellen
Verein zur Förderung sozial benachteiligter Kinder und Jugendlicher
Wrangelstr. 6–7
12165 Berlin
Tel.: (030) 7970 2836

Kinderärztliche Praxis mit Schwerpunkt „schwierige Säuglinge
und Kleinkinder", Kinder mit Schulschwierigkeiten,
psychosomat. Probleme
Dr. Hartwig, Dipl.-Psych. M. Block, Ch. Krausmann
Karl-Marx-Str. 80,
12043 Berlin
Tel.: (030) 623 8717

Prävention und Psychotherapie (mit Hilfe entwicklungspsychologisch
orientierter Musiktherapie) für Eltern mit Säuglingen und Klein-
kindern bei frühen Regulations- und Beziehungsstörungen
Dipl.-Päd. Cornelia Thomsen und Katrin Stumptner
(Kinder- und Jugend-Psychotherapeutinnen / Musiktherapeutinnen)
Institut für Musik und Psychotherapie
Hornstr. 7–8
10963 Berlin
Tel.: (030) 217 2471
Fax: (030) 2101 4864

Vom Säugling zum Kleinkind
Beratung für Familien mit Säuglingen und Kleinkindern
Friedrich-Ebert-Str. 4
14469 Potsdam
Träger: IFFE, Institut für Fortbildung, Forschung und Erziehung,
Fachhochschule Potsdam
Leiterin: Prof. Dr. Dipl.-Psych. Christiane Ludwig-Körner
Tel.: (0331) 270 0574/ 580 2450
Fax: (0331) 580 2495
e-mail: eltern@fh-potsdam.de

Diagnose- und Beratungszentrum Max-Bürger-Krankenhaus
Platanenallee 23–25
14050 Berlin
Tel: (030) 300 625 612

Abteilung für Kinderpsychosomatik, Pav. 62
Universitätskinderklinik Eppendorf
Martinistr. 52
20246 Hamburg
Dr. med. Carola Bindt
Tel.: (040) 4717 4585

„Verlust des Babys" Initiative Regenbogen
„Glücklose Schwangerschaft" e.V.
Charlottenstr. 39
26486 Wangerooge
Constanze Tofahrn-Lange
Tel.: (04469) 376
Fax: (04469) 322
e-mail: Conni_Wooge@t-online.de

Werner Otto Institut, Sozialpädiatrisches Zentrum
Bodelschwinghstr. 23
22337 Hamburg
Dr. med. Brigitte Deneke
Tel.: (040) 5077 3182
Fax: 040/5077-3191
e-mail: www.werner-otto-institut.de

Beratungsstelle für Eltern, Kinder und Jugendliche
Dr. C. J. Suess
Ludolfstr. 67
20249 Hamburg
Tel.: (040) 4667 2484

„Menschenskind" Beratungsstelle für Eltern mit Säuglingen und
Kleinkindern
Elsässer Str. 27 a
22049 Hamburg
Renate Barth, Dipl. Psych.
Tel.: (040) 652 0012

Dr. med. Elisabeth Warken
Tinsdaler Kirchenweg 251 B
22559 Hamburg
Tel.: (040) 818 160

TheKi Hamburg, Wohngruppe für drogenabhängige Mütter / Eltern
mit Kleinkindern
Max-Brauer-Allee 116
22765 Hamburg
Tel.: (040) 30 688/11

Beratungsstelle für Kinder, Jugendliche und Familie /
Erziehungsberatungsstelle
Elsässer Str. 27 a
22049 Hamburg
Monika Kleßmann, Sozialpädagogin
Tel.: (040) 688 220

Mütterzentren Bundesverband e.V.
Geschäftsstelle
Müggenkampstr. 30 a
20257 Hamburg
Tel.: (040) 4017 0606
Fax: (040) 490 3826

Aufbau von Selbsthilfegruppen für Eltern von Schreibabys –
Kontaktbörse
Jutta Riedel-Henck
Schulstr. 10
27446 Deinstedt
Tel. / Fax: (04248) 395

Frühberatungsstelle / Haus der Familie
Hinter den Ellern 13
28309 Bremen
Inge Beyersmann, Psychologin
Christina Fiebig, Sozial-Pädagogin
Tel.: (0421) 498 8360
Dr. Käte Aldag, Kinderärztin
Tel. (0421) 4170 081

Psychologische Beratungsstelle
Landkreis Celle
Dr. Gisela Lösche
Denickestr. 110 b
29225 Celle
Tel.: (05141) 42 063

Sozialpädiatrisches Zentrum Hannover
Janusz-Korczak-Allee 8
30173 Hannover
Tel.: (0511) 8115 739

Kontaktstelle für Eltern mit Kleinkindern, Kinderschutzbund
Niedernstr. 40
31655 Stadthagen
Tel.: (05721) 72 474

Schreibaby-Sprechstunde
Gottfried Leitenberger
Arzt für Kinder- und Jugendpsychiatrie/Psychotherapie
Deckertstr. 53
33617 Bielefeld
Tel.: (0521) 150 761
Fax: (0521) 150 732

Ärztin für Kinder- und Jugendpsychiatrie und Psychotherapie –
Beratungs- und Therapieangebote
Dr. med. Dorothee Messer-Besmens
Teichweg 1
37085 Göttingen
Tel.: (0551) 44 003

Mütterbüro Niedersachsen
Erikastr. 11
38259 Salzgitter
Tel.: (05341) 392 121

Frühförderung der Lebenshilfe e.V.
Dipl. Heilpäd. S. Bewersdorff
Otterstr. 180
40589 Düsseldorf
Tel.: (0211) 757 880

Fachärzte für Kinder- und Jugendpsychiatrie, Psychotherapeutische
Medizin und Kinderheilkunde
Gemeinschaftspraxis
Dr. med. Reinhard Schydlo und Dr. med. Hansjürgen Heubach
Herzogenstr. 89–91
40215 Düsseldorf
Tel.: (0211) 378 191/ 383 701
Fax: (0211) 385 0330

Baby & Co – Beratung für neugeborene Familien
Maja Golak (Diplom Pädagogin); Karin Giesser-Kroker
(Analytische Kinder- und Jugendlichen-Psychotherapeutin)
Alte Landstr. 34
40489 Düsseldorf
Tel.: (02102) 709 255

Essener Baby- und Kleinkindsprechstunde
Für Eltern mit Kindern von 0–3 Jahren
Klinik für Psychiatrie und Psychotherapie des Kindes- und
Jugendalters an den Rheinischen Kliniken/Universitätsklinik Essen
Virchowstr. 174
45147 Essen
Tel.: (0201) 7227 450
Fax: (0201) 7227 306
e-mail: uni-essen.de/kjp

Sozialpädiatrische Praxis
Dr. med. Helga Peteler
Fachärztin für Kinderheilkunde/Psychotherapie
Kantstr. 20
41464 Neuss
Tel.: (02131) 940 131
Fax: (02131) 940 069

St. Vinzent Hospital
Frau Dr. Gervers
Dr. Otto Seidel Str. 31–33
46535 Dinslaken

PEKiP e.V. – Prager Eltern-Kind-Programm
Heltorfer Str.71
47269 Duisburg
Tel.: (0202) 712 330

Familientagesklinik und Poliklinik für Säuglinge,
Klein- und Vorschulkinder von 0–7 Jahren
Schmeddingstr. 50
48149 Münster
Tel.: (0251) 835 6701
Fax: (0251) 835 6249

Mütterbüro Nordrhein-Westfalen
Dr. Eva Sowa und Ulrike Runge
Hospitalstraße 6
44149 Dortmund
Tel.: (0231) 162 132
Fax: (0231) 160 734
e-mail: Muetterbuero@t-online.de

Beratungsstelle für Kinder, Jugendliche und Eltern
Psychologische Beratungsdienste
Martina Furlan
Harkortstr. 36
44225 Dortmund

Ärztliche Kinderschutzambulanz
Hüfferstr. 18
48149 Münster
Tel.: (0251) 418 5426
Fax: (0251) 418 5411

Dipl. Päd. Sabine Hintz, Musiktherapeutin
Franz-von-Waldeckstr. 17
48167 Münster
Tel.: (02506) 3490
Fax: (02506) 302 277

Beratungs- und Therapieangebote für den Bereich:
„Seelisch gesund in der frühen Kindheit"
Kinderarzt, Kinder- und Jugendpsychiater,
Psychotherapie, Allergologie Dr. U. Raupp
Marien-Hospital GmbH
Sozialpädiatrisches Zentrum, SPZ
Pastor-Janßen-Str. 8—38
46483 Wesel
Tel.: (0281) 104 1670

Deutscher Kinderschutzbund Landesverband Nordrhein-Westfalen e.V.
Domagkweg 8
42109 Wuppertal
Tel.: (0202) 754 465
Fax: (0202) 755 354

„Sprechstunde für Schreibabys"
Kinderkrankenhaus der Stadt Köln
Dr. Irmgard Schmidt
Dr. Robert Winkler
Amsterdamer Str. 59
50735 Köln
Tel.: (0221) 77 741

Zentrum für Frühbehandlung und Frühförderung e. V.
Maarweg 130
50825 Köln

Klinik und Poliklinik für Kinderheilkunde der Universität zu Köln
Josef-Stelzmann-Str. 9
50924 Köln
Intensivstation: (0221) 478 4449/4381

Ambulanz für Säuglinge und Kleinkinder an der Klinik für Psychiatrie
und Psychotherapie des Kindes- und Jugendalters der Universität Köln
Dr. Even
Robert-Koch-Str. 10
50931 Köln
Tel.: (0221) 478 5337

Zentrum für Frühbehandlung und Frühförderung e. V.
Geilenkircher Str. 52
50933 Köln
Tel.: (0221) 495 207 und 491 977
Fax: (0221) 497 1631

Tagesklinik Siegburg Klinik für Psychiatrie und Psychotherapie
Henrike Schulte
Theodor-Heuss-Str. 6
53721 Siegburg
Tel.: (02241) 1735-0
Fax: (02241) 1735-50

Kinder- und Jugendlichenpsychotherapeut
Michael Naumann-Lenzen
Kurhausstr.32
53773 Hennef
Tel.:(02242) 86 566

Psych. Beratungsstelle
Margit Klein
Friedrich-Ebert-Str. 11
55286 Wörrstadt
Tel.: (06732) 918 335

Psychologische Praxis für Kinder und Jugendliche
Annette Morawietz-Schäfer
Mainzer Str. 57–59
55411 Bingen
Tel.: (06721) 12 838

Ärztliche Beratungsstelle Kinderklinik Lüdenscheid
Brigitte Beching-Bette
Hochführstr. 25
58509 Lüdenscheid
Tel.: (02351) 463 915

Elternschule St. Franziskus-Hospital
Frau Schlegge
Robert-Koch-Str. 55 a
59227 Ahlen
Tel.: (02382) 858 321

Praxis für Früherziehungsberatung
Antje Bansi
Iserlohnerstr. 40
59423 Unna
Tel.: (02303) 22 163

Elternschule des EVK
Marianne Künstle
Holbeinstraße 10
59423 Unna
Tel.: (02303) 106 191

Elternschule Katharinen-Hospital
Christiane Kötter-Lietz
Obere Husemannstr. 2
59423 Unna
Tel.: (02303) 100 2848

Ambulante Beratung und Therapie für Eltern mit Säuglingen
und Kleinkindern
Institut für Med. Psychologie am
Klinikum der J.W. Goethe-Universität
Dr. phil. Éva Hédervári-Heller
Dr. phil. Martin Dornes
Beratungsstelle Sandhöfer Allee 2, Haus 56
60590 Frankfurt/Main
Sekretariat: Anette Fröhlich
Tel.: (069) 6301 6308
Fax: (069) 6301 7606

Verein für interdisziplinäre Familienarbeit e.V.
– Frühberatung –
Patrizia Szogas
Böttgerstr. 20
60385 Frankfurt
Tel.: (069) 468 084

Frühförderstelle der Lebenshilfe Frankfurt,
Ansprechstelle für exz.-schreiende Säuglinge
Frau Ruster
Hohenstaufenstr. 8
60327 Frankfurt
Tel.: (069) 9758 7040
Fax: (069) 9758 7015
e-mail: lebenshilfe_FFM@t-online.de

Hessisches Mütterbüro
Bahnstr. 39
63225 Langen
Tel.: (06103) 28 234

Elternberatung Oberursel
Beratungsstelle für Mütter und Väter von Säuglingen und Kleinkindern
Hospitalstr. 9
6370 Oberursel
Inken Seifert-Karb
Tel.: (06171) 585 358
Fax: (06171) 585 359

„Orte für Kinder" im Mütterzentrum
Eva Orth
Emilstr. 26
64293 Darmstadt
Tel.: (06151) 295 200

Familienzentrum Haus Guck
Kontaktadresse für Rheinland-Pfalz
Beate Mund
Am Rathaus 12
66849 Landstuhl
Tel.: (06371) 63 241

Psychiatrisches Krankenhaus Heppenheim
Stationäre Mitaufnahme von Säuglingen und Kleinkindern
Dr. H.-P. Hartmann
Ludwigstraße 54
64646 Heppenheim
Tel.: (06252) 16 210
Fax: (06252) 16 440

Kinderzentrum – Ambulanz zur Frühförderung
Karl-Locher-Str.8
67071 Ludwigshafen
Tel.: (0621) 670 050

Frühförderstelle für Säuglinge und Kleinkinder
Emilienstr. 20
68623 Lampertheim
Tel.: (06206) 12 454

Sonderpädagogisches Beratungszentrum zur Früherfassung
und Frühbetreuung behinderter Kinder
(nicht auf behinderte Kinder beschränkt)
Friedrich-Ebert-Anlage 51c
69117 Heidelberg
Tel.: (06221) 97 640
Fax: (06221) 80 734

Bundesverband „Das frühgeborene Kind" e. V.
Von-der-Tann-Str. 7
69126 Heidelberg
Tel.: (06221) 32 345
Fax: (06221) 373 991

Ambulante Beratung und Therapie für Eltern mit Säuglingen
Abteilung für Psychosomatische Kooperationsforschung und
Familientherapie des Universitätsklinikums Heidelberg
Bergheimer Str. 54
69115 Heidelberg
Frau Astrid Cierpka
Frau Dr. med. Eva Möhler
Herr Prof. Dr. med. Franz Resch
Herr Prof. Dr. med. M. Cierpka
Telef. Anmeldung im Sekretariat:
Tel.: (06221) 564 701 oder 970 415
Fax: (06221) 564 702 oder 970 441

Analytische Kinder- und Jugendpsychotherapeutin
Barbara Hirschmüller
Happoldstr. 25
70469 Stuttgart

Mütterforum Baden Württemberg e.V.
Andrea Laux
Bismarckstr. 55/I
70197 Stuttgart
Tel. /Fax: (0711) 636 1764

Hebammenpraxis Stuttgart-Mitte
Sabine König
Beratung im 1. Lebensjahr - PEKiP
Vorbereitung auf die Elternschaft
Hauptstätter Str. 54 a
70178 Stuttgart
Tel.: (0711) 889 3396

Olgahospital, Sozialpädiatrisches Zentrum
Frau Dr. med. C. Schweitzer
Bismarckstraße 8
70031 Stuttgart
Tel.: (0711) 992 2421

„Schreibabysprechstunde"
Regina Sander
Praxis für frühkindliche Regulationsstörungen
Rathausstraße 33
74321 Bietigheim-Bissingen
Tel.: (07142) 221 417
Fax: (07142) 221 425
e-mail: reg.sander@gmx.de

Abt. Neuropädiatrie-Entwicklungsneurologie, Universitätskinderklinik
Frondsbergstr. 23
72072 Tübingen
Tel.: (07071) 294 734

PRO FAMILIA
Ingrid Löbner
Hechingerstr. 8
72072 Tübingen
Tel.: (07071) 34 151

Klinik für Kinderneurologie und Sozialpädiatrie
Frau Kunde-Trömner
Kinderzentrum Maulbronn
Knittlinger Steige 21
75433 Maulbronn
Tel.: (07043) 160/16105
e-mail: Klinik@Kize.de

Kinderärztin
Dr. Barbara Schmidt-Lahr
SPZ der Kinderklinik Konstanz
Luisenstr. 7
78461 Konstanz
Tel.: (07531) 801 1674

„KindErleben", Ambulanz und Tagesstätte
Riemerschmidstr. 16
80933 München
Dipl.-Psych. Sabine Pommer-Irmisch
Tel.: (089) 3120 9641/9630

Musiktherapie für „Schreibabys"
Gisela Lenz
Goethestr. 54/RGB
80336 München

Entwicklungsneurologische Untersuchungs- und Beratungsstelle
Dr. von Hanauersches Kinderspital
Lindwurmstraße 4
80377 München

Institut für Kinder- und Jugendlichenpsychiatrie und Psychotherapie
der Universität München
Lindwurmstr. 2a
80386 München
Tel.: (089) 5160/5156

Prof. Dr. Dr. J. Storck
Poliklinik für Kinder- und Jugendpsychotherapie am Biederstein
Biedersteinerstr. 29
80802 München

Frühförderstelle I
Plinganserstr. 26/II
81369 München
Tel.: (089) 771 667
Fax: (089) 7677 3686

Münchner Sprechstunde für Schreibabys
Kinderzentrum München
Heiglhofstr. 63
81377 München
Tel.: (089) 7100 9330
Fax: (089) 7100 9369

Beratungsstelle für natürliche Geburt und Eltern sein e. V.
Häberlstr. 17 RGB.
80337 München
Tel.: (089) 532 076
Fax: (089) 538 0661

Arbeitsstelle Frühförderung Bayern
Seidlstr. 4
80335 München
Tel.: (089) 5458 9830
Fax: (089) 5458 9839

Eltern-Säuglings-Therapie bei Ess-, Schrei-, Schlaf-
und frühen Beziehungsstörungen
OA. Dr. med. Karl Heinz Brisch
von Haunersches Kinderspital
Ludwig-Maximilian-Universität München
Pettenkofer Str. 8a
80336 München
Tel.: (089) 5160 3709

Mütterzentrum Neuaubing
Susanne Baier
Wiesentfelser Str. 68
81249 München
Tel.: (089) 870 392

Praxis Atem-Geburt-Gesundheit
Mechthild Deyringer
Kidlerstr. 19
81371 München
Tel.: (089) 7479 0793
Fax: (089) 7479 0795
e-mail: r.deyringer@t-online.de

Irini Pitellou
Nockherstr. 54
81541 München

Behandlungseinheit Psychosomatische Medizin und Psychotherapie
in der Kinder- und Jugendheilkunde
OA Dr. N. von Hofacker, Städt. Krankenhaus Harlaching
Sanatoriumsplatz 2
81545 München
Tel.: (089) 6210 3106

SOS-Kinderzentrum – Interdisziplinäre Frühförderung
Treffpunkt für Familien
Garmisch-Patenkirchen
Parkstr. 8
82467 Garmisch-Patenkirchen
Tel.: (08821) 2811/52831
Fax: (08821) 947 720

Mutter-Kind-Heim
Kochendörfer Heim
83128 Halfing
Tel.: (08055) 777

PEKiP, Tragetuch, Beratung
Maria-Brigitte Struve
Kärntner Weg 6
83024 Rosenheim
Tel.: (08031) 2890

Erziehungsberatungsstelle
Dr. P. Kitkenhaus
Gabelsberger Str.
85057 Ingolstadt

Frühförderung Freising
Untere Domberggasse 2
85354 Freising
Tel.: (08161) 3824

Babymassage, Rückbildung, Beratung
Vera Eder
Angerweg 31
86938 Schondorf
Tel.: (08192) 1287

Psychotherapeutische Praxis
Thomas Füchtbauer
Brodkorbweg 38
87437 Kempten
Tel.: (0831) 570 6222

Erziehungsberatungsstelle
Delternstr. 35
94469 Deggendorf

Beratungsstelle für Kinder, Jugendliche und Eltern
Steffi Reinders-Schmidt
Dipl.-Sozialpädagogin
Schlossberg 2
96215 Lichtenfels
Tel.: (09571) 939 190

Praxis für Ergotherapie
Angelika Marmulla
Dr. Gessler-Str. 12a
93051 Regensburg
Tel.: (0941) 993 050
Fax: (0941) 993 051

Erziehungsberatungsstelle
Frau Knopp-Völker
Ostengasse 33
93047 Regensburg
Tel.: (0941) 507 2762

Praxis für Ergotherapie
Steffi Nürnberger
Sonnenstr. 21
97072 Würzburg
Tel.: (0931) 887 592

Babys und Kleinkinder mit Entwicklungsproblemen,
Schlaf-, Schrei- u. Essstörungen
Frühdiagnosezentrum
Prof. H. M. Straßburg
J. Schneiderstr. 2
97080 Würzburg

Psychologische Praxis für Mutter und Kind
Dipl.-Psych. Karin Lenz
Domweg 8
97084 Würzburg
Tel.: (0931) 613 175

Literatur

Barth, R. (1998): Psychotherapie und Beratung im Säuglings- und Kleinkindalter. In: K. v. Klitzing (Hrsg.): Psychotherapie in der frühen Kindheit. Vandenhoeck & Ruprecht, Göttingen

– (2001): „Baby-Lese-Stunden". Hilfe für Eltern mit exzessiv schreienden Säuglingen. Frühe Kindheit. Zeitschrift der Deutschen Liga für das Kind in Familie und Gesellschaft. I/01, 26–27

Brazelton, T. B., Cramer, B. G. (1994): Die frühe Bindung. 2. Aufl. Klett Cotta, Stuttgart

– (1998): Kleine Schritte, große Sprünge. Klett Cotta, Stuttgart

Dornes, M. (1993): Der kompetente Säugling. Die präverbale Entwicklung des Menschen. Fischer Taschenbuch, Frankfurt/M.

Fries, M. (1999): Babys, die sich nicht beruhigen lassen – Auswege für Eltern und Babys in der lösungsorientierten Kurzzeittherapie. In: J. Kühl (Hrsg.): Autonomie und Dialog. Kleine Kinder in der Frühförderung. Ernst Reinhardt, München/Basel, 70–79

– (2000): Vom „Schreibaby" zum „Baby mit besonderen Bedürfnissen". In: J. Hargens und W. Eberling. Einfach kurz und gut – Teil 2. Ressourcen erkennen und nutzen. borgmann publishing, Dortmund, 147–158

Klitzing, K. v. (Hrsg.) (1998): Psychotherapie in der frühen Kindheit. Vandenhoeck & Ruprecht, Göttingen

Gerber, Magda (2000): Dein Baby zeigt Dir den Weg. Mit Kindern wachsen. Arbor, Emmendingen

Largo, R. H. (2000): Babyjahre. Die frühkindliche Entwicklung aus biologischer Sicht. Das andere Erziehungsbuch. 11. Aufl. Piper, München

Papoušek, M. (1994): Vom ersten Schrei zum ersten Wort. Anfänge der Sprachentwicklung in der vorsprachlichen Entwicklung. Hans Huber, Bern u. a.

Papoušek, M. (1996): Intuitive elterliche Kompetenzen. Eine Ressource in der präventiven Eltern-Säuglings-Beratung und -Psychotherapie. Frühe Kindheit. Zeitschrift der Deutschen Liga für das Kind in Familie und Gesellschaft. I/01, 4–10

Salis, Bettina (2000): Warum schreit mein Baby so? Rowohlt Taschenbuch, Reinbek

Sears, W. (1998): Das „24-Stunden-Baby". Kinder mit starken Bedürfnissen verstehen. La Leche Liga Schweiz

Shazer, St. de (1998): Der Dreh. Überraschende Wendungen und Lösungen in der Kurzzeittherapie. Auer, Heidelberg

Sichtermann, Barbara (1987): Vorsicht Kind. Eine Arbeitsplatzbeschrei-
bung für Mütter, Väter und andere. Klaus Wagenbach, Berlin

Stern, D. (1999): Tagebuch eines Babys. Was ein Kind sieht, spürt, fühlt
und denkt. 9.Aufl. Piper, München

Video

Kari – Das 1. Jahr im Leben eines Babys. Ein wissenschaftlicher Rat-
geber für Eltern und alle, die es werden wollen. Wissenschaftliche
Begleitung: Hanus Papoušek. PolyGram Video.
Glockengiesserwall 2. D-20095 Hamburg.
Bestellnummer: 046 608-3

Daniela Arbter-Öttl
Mein Kind schläft – endlich!

(„Kinder sind
Kinder"; 16)

2000. 155 Seiten.
13 Abb.
(3-497-01522-9) kt

Morgens früh um drei, aus dem Kinderzimmer tönt Geschrei! Das ist für viele Eltern kein Alptraum, sondern an den Nerven zerrende Realität. Ob Einschlaf- oder Durchschlafprobleme – nicht selten sind die Eltern überfordert. Oft hilft es, die Bedürfnisse des Kindes richtig zu erkennen und Gewohnheiten, die sich negativ auf den Schlaf des Kindes auswirken, zu vermeiden.

Ausgehend von den neuesten Erkenntnissen zum kindlichen Schlafverhalten zeigt dieses Taschenbuch, welche Regeln aufgestellt werden müssen und wie man sie umsetzen kann. Das Besondere an diesem Ratgeber ist, dass nicht eine bestimmte Methode (z. B. Minutenzählen) favorisiert wird, sondern verschiedene Ansätze zur Behandlung von massiven Schlafproblemen geschildert und die jeweiligen Vor- und Nachteile aufgezeigt werden. So hilft er Eltern wie Beratern, individuelle Lösungsstrategien zu entwickeln und konsequent durchzuführen.

Ernst Reinhardt Verlag • München Basel
E-Mail: info@reinhardt-verlag.de
http://www.reinhardt-verlag.de

Hermann Liebenow
Taschengeld & Co

(„Kinder sind Kinder"; 19)

2002
140 Seiten
5 Tab.
(3-497-01609-8) kt

Gut mit Geld umzugehen, will gelernt sein. Erst recht, wenn es um schwer fassbare Beträge auf Geldkarten, in Überweisungsformularen oder bei Kreditverträgen geht.

Hermann Liebenow, Psychotherapeut und seit mehr als 20 Jahren Leiter einer Erziehungsberatungsstelle, beschreibt beeindruckend konkret, wie sich das Verständnis für Geld vom Kindesalter bis ins frühe Erwachsenenalter hinein entwickelt. Er schildert, welche Gelderfahrungen zu welchem Entwicklungsalter passen und wie viel Taschengeld für welches Alter angemessen ist. Aber zur Gelderziehung gehört weitaus mehr als das Taschengeld. Uns allen bekannte Alltagsbeispiele demonstrieren, warum und wie geldliche Zulagen die Motivation von Jugendlichen unterstützen können und welche praktikablen Zuverdienste durch Arbeit die notwendigen Wertvorstellungen ausbilden. Dahinter steht ein fundiertes Konzept zur Förderung der kindlichen Fähigkeiten zur Selbststeuerung.

Historische Bezüge, etwa woher der Dollar seinen Namen hat, und weiterführende Internet-Adressen runden diesen informativen Elternratgeber ab.

Ernst Reinhardt Verlag • München Basel
E-Mail: info@reinhardt-verlag.de
http://www.reinhardt-verlag.de

Die Buchreihe
„Kinder sind Kinder"

Die bewährte Ratgeber-Reihe „Kinder sind Kinder"
gibt fundierte Antworten auf die verschiedensten
pädagogischen Fragen und bietet praktische Hilfe-
stellung und nützliche Tipps bei der Bewältigung
von Schwierigkeiten in den verschiedenen Entwick-
lungsstufen vom Baby bis zur Pubertät.

Ernst Reinhardt Verlag • München Basel
E-Mail: info@reinhardt-verlag.de
http://www.reinhardt-verlag.de

BAND 11   Manfred Berger
Der Übergang von der Familie zum Kindergarten
Anregungen zur Gestaltung der Aufnahme in den
Kindergarten
2., neu bearb. Aufl. 1997. 107 Seiten. 15 Abb.
(3-497-01428-1) kt

BAND 12   Andreas Mehringer
Eine kleine Heilpädagogik
Vom Umgang mit schwierigen Kindern
11. Aufl. 2001. 98 Seiten. (3-497-01589-X) kt

BAND 13   Thomas Lang
Kinder brauchen Abenteuer
2., erg. Aufl. 1995. 80 Seiten. (3-497-01369-2) kt

BAND 14   Franz J. Mönks / Irene H. Ypenburg
Unser Kind ist hochbegabt
Ein Leitfaden für Eltern und Lehrer
3. Aufl. 2000. 89 Seiten. 6 Abb. (3-497-01461-3) kt

BAND 15   Karl E. Dambach
Mobbing in der Schulklasse
2., überarb. u. erw. Aufl. 2002. 115 Seiten
(3-497-01588-1) kt

BAND 17   Christine Hagemann / Ingrid Börner
Montessori für Vorschulkinder
2000. 108 Seiten. 22 Abb. (3-497-01541-5) kt

Ernst Reinhardt Verlag • München Basel
E-Mail: info@reinhardt-verlag.de
http://www.reinhardt-verlag.de